COME CRESCERE UN BAMBINO ECCEZIONALE CON IL METODO MONTESSORI

TIM SELDIN
PRESIDENTE DELLA
MONTESSORI FOUNDATION

COME CRESCERE UN BAMBINO ECCEZIONALE CON IL METODO MONTESSORI

TRADUZIONE DI ROBERTA ZUPPET

XENIA
EDIZIONI

DK

sommario

introduzione

Non ricordo un solo momento in cui non mi sia sentito immerso nel mondo Montessori. Per me, è uno stile di vita.

Questo libro è un'antologia delle mie esperienze personali di bambino, padre, educatore Montessori e guida di molte famiglie alla ricerca di un modo migliore per crescere i loro bimbi in uno spirito di rispetto, gentilezza e collaborazione. Ho imparato quasi tutto quello che so osservando e ascoltando i miei figli e riflettendo sui miei errori.

Quello di genitore è un lavoro a tempo pieno. In passato, portare avanti una famiglia sembrava semplicissimo. Le mamme restavano a casa e accudivano i piccini, mentre i papà andavano al lavoro. In genere, i bambini erano obbedienti, se non altro perché i genitori tenevano sotto stretto controllo le loro attività e li punivano con severità se sviavano.

Oggi il panorama è molto più variegato: mamme single che lavorano, papà che restano a casa, famiglie in cui i bambini hanno due mamme o due papà, famiglie in cui tre o più generazioni vivono sotto lo stesso tetto. In molti casi uno dei due genitori rimane fuori casa per tutto il giorno; entrambi i genitori possono avere una carriera o un'attività, oppure possono essere costretti a lavorare per sbarcare il lunario. I figli vengono spesso accuditi da un genitore o un nonno, da una tata o una baby-sitter in casa, oppure all'asilo.

In molti Paesi, il divorzio è diffusissimo. Molti genitori si barcamenano tra le responsabilità lavorative ed educative in famiglie monogenitoriali oppure crescono i figli in due case diverse, cercando di offrire loro stabilità e coerenza.

Allo stesso tempo, Internet, la TV e i media ci ricordano costantemente l'importanza dell'ambiente e delle esperienze giuste per i neonati e i bambini piccoli. Sappiamo che il cervello infantile è programmato per apprendere, ma solo se viene stimolato in tenera età. Come se non avessimo già abbastanza rimorsi, ora dobbiamo anche preoccuparci di essere dei bravi genitori/educatori sin dalla prima infanzia dei nostri figli.

Quasi tutti noi desideriamo offrire ai nostri bimbi il miglior ambiente familiare possibile, nei limiti del tempo e delle risorse disponibili. È anche vero che tutti i genitori sono insegnanti. La missione di cui ci siamo fatti carico non consiste semplicemente nel nutrire, coccolare e proteggere i nostri figli. Dobbia-

"Quasi tutti noi desideriamo offrire ai nostri bimbi il miglior ambiente familiare possibile."

mo insegnare loro anche a diventare adulti affermati, indipendenti e sicuri di sé, felici e soddisfatti della loro vita. Anche se questo viaggio richiede parecchi anni, è utile avere un'idea di dove stiamo andando e del perché facciamo quel che facciamo lungo il cammino.

Se avete un bambino piccolo e volete adottare una nuova prospettiva e ricevere qualche suggerimento pratico, questo volume fa al caso vostro. Oltre a proporvi molte attività da svolgere insieme, vi incoraggerà ad affrontare l'esistenza con gioia. I piccoli gesti quotidiani che possiamo compiere per festeggiare le occasioni speciali ed esprimere il nostro amore reciproco faranno un'enorme differenza, sia per il vostro bambino sia per la vostra vita di mamma o papà.

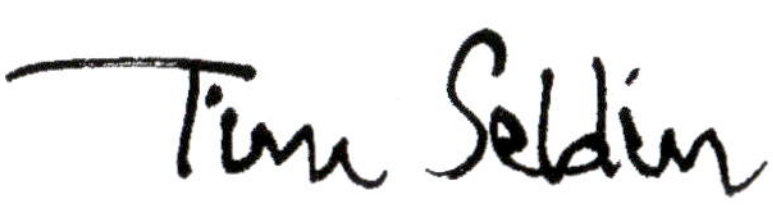

Tim Seldin
Presidente, The Montessori Foundation

1

perché Montessori?

gli alti e bassi dell'educazione

I figli sono uno dei più grandi doni della vita, ma allevare bambini felici e premurosi nel mondo attuale può essere difficile per qualsiasi genitore.

Il legame con i nostri figli si instaura prima della loro nascita e dura per tutta l'esistenza. Nel corso degli anni, stiamo loro accanto mentre imparano a sorridere, a gattonare, a pronunciare le prime parole e a muovere i primi passi e, insieme segniamo le tappe del loro viaggio verso l'età adulta.

La vita con i piccini non è sempre semplice. Talvolta, oltre agli abbracci e alle coccole, condividiamo i loro capricci, le loro notti insonni, i loro periodi di malattia, i litigi tra fratelli e tutte le altre difficoltà del mestiere di genitore. Crescendo, sembra che arrivino a conoscerci meglio di quanto ci conosciamo noi stessi. Sanno quali tasti premere per mandarci su tutte le furie e come manipolarci per ottenere ciò che vogliono. Ci sono occasioni in cui vorremmo che fossero venuti al mondo con un manuale di istruzioni.

Non è insolito che i genitori abbiano qualche incertezza su come crescere, nel mondo moderno, bimbi sereni. Tutt'intorno, i nostri figli vedono e sentono i loro coetanei che rispondono male ai loro padri e alle loro madri, che si azzuffano al parco giochi e che si insultano a vicenda. I consigli educativi non

Un legame per la vita
Dall'attimo in cui vengono al mondo, i nostri figli diventano il punto focale della nostra attenzione, creando un legame che si protrae nell'età adulta.

mancano, ma non sembrano funzionare poi così bene. Ciò dipende dal fatto che spesso propongono un metodo manualistico, con indicazioni dettagliate su come comportarsi in situazioni specifiche, anziché un approccio completo e sistematico all'educazione.

Un approccio diverso

La mia vita è stata condizionata profondamente dall'opera di un donna straordinaria: Maria Montessori. Da piccolo ho frequentato una scuola meravigliosa che si ispirava alle sue teorie e, da grande, ho avuto il privilegio di insegnare in quella stessa scuola e poi di dirigerla per venticinque anni. Il suo messaggio, le sue intuizioni e le sue strategie pratiche hanno influenzato centinaia di migliaia, se non addirittura milioni, di genitori e figli in tutto il mondo. Il metodo Montessori è conosciuto soprattutto nelle scuole che portano il suo nome, ma è altrettanto utile e facile da adottare nell'ambito domestico.

I principi montessoriani per lavorare con i bambini si basano su un criterio olistico che inizia alla nascita (o il prima possibile) e che si consolida negli anni, via via che i piccini crescono. Se applicato correttamente, ha il vantaggio di essere efficacissimo per un'ampia gamma di soggetti. Si tratta di un sistema completo che è stato testato negli ultimi cento anni e che può essere attuato in tutto o anche solo in parte. Provatelo. Scoprirete che funziona anche nel vostro caso.

Per farlo, non dovrete diventare insegnanti montessoriani né creare una scuola montessoriana a casa vostra. Se metterete in pratica nella vostra vita domestica e familiare il maggior numero possibile dei suggerimenti contenuti in questo libro, sono convinto che diventerete genitori più abili e più capaci di creare un ambiente pieno di amore, calore, rispetto e gentilezza.

Mettere alla prova i limiti
Quando i bambini iniziano a mostrare l'impulso all'indipendenza, le difficoltà della genitorialità diventano più evidenti

che cos'è il metodo Montessori?

Un secolo fa, una giovane italiana ideò un nuovo approccio educativo basato su un principio di rispetto e incoraggiamento.

Maria Montessori nacque nel 1870 in Italia, un Paese che, all'epoca, era particolarmente conservatore nel suo atteggiamento verso le donne. Nonostante i numerosi ostacoli che dovette superare, fu la prima italiana a diventare medico. Insegnò alla facoltà di medicina dell'Università di Roma e tramite opere assistenziali entrò spesso in contatto con figli di poveri e disadattati. Lavorando, maturò la convinzione che tutti i bimbi nascono con uno straordinario potenziale umano, che può svilupparsi soltanto se gli adulti forniscono loro la giusta stimolazione nei primissimi anni di vita.

"Il lavoro di Maria Montessori continua a vivere ancora oggi. Il suo approccio sistematico può essere adottato e attuato in quasi tutte le situazioni".

Impaziente di dimostrare la sua tesi, nel 1907 la dottoressa cominciò a dirigere un asilo per figli di famiglie operaie ancora troppo piccoli per andare a scuola. Situato in uno dei quartieri più poveri di Roma, l'istituto divenne la sua prima 'Casa dei bambini'. Cresciuti con poche attenzioni e in condizioni terribili, molti piccoli ospiti erano aggressivi, impazienti e indisciplinati.

Maria Montessori si mise al lavoro insegnando ai più grandicelli a dare una mano nelle attività quotidiane, constatando con stupore che i bimbi di tre e quattro anni si divertivano molto ad apprendere quelle capacità pratiche. Ben presto, i bambini cominciarono a occuparsi della scuola, contribuendo a preparare e a servire i pasti e collaborando alla pulizia dei locali. Si erano trasformati da ragazzacci di strada in modelli di garbo e cortesia.

Un mondo a misura di bambino

Maria Montessori intuì che i bimbi si sentivano frustrati in un mondo pensato per gli adulti, perciò ordinò tazze e piatti in miniatura, e trovò coltelli adatti alle loro piccole manine. Chiese ai falegnami di costruire tavoli bassi e sedie abbastanza leggere affinché i piccini riuscissero a spostarle senza l'aiuto dei grandi. Notando che i bimbi amavano sedere sul pavimento, utilizzò dei tappetini per delimitare le loro aree di lavoro, e i bambini impararono ben presto a girarvi intorno anziché a distruggere l'uno le creazioni dell'altro.

Dopo aver trascorso innumerevoli ore a osservare i bimbi e a interagire con loro, Maria Montessori concluse che attraversavano diverse fasi evolutive (*vedi* pp. 14-17), ciascuna caratterizzata da inclinazioni, interessi e schemi di pensiero specifici. Scoprì che avevano una loro logica in ciascuno stadio evolutivo, oltre ad alcune attività preferite e a qualche innata tendenza di comportamento.

Si accorse che reagivano a un ambiente calmo e ordinato in cui ogni cosa avesse il suo posto. Li studiò mentre imparavano a controllare i movimenti, e notò quanto poco gradissero che la tranquillità venisse disturbata, come quando incespicavano o facevano cadere qualcosa. Offrì loro l'opportunità di sviluppare il senso d'indipendenza e comprese che i loro livelli di sicurezza e rispetto di sé aumentavano quando gli adulti li incoraggiavano a fare da soli.

Un successo internazionale

La prima Casa dei bambini godette di una fortuna immediata, suscitando un vivo interesse in tutto il mondo. Essendo una scienziata di fama mondiale, Maria Montessori possedeva una grande credibilità, e attirò l'attenzione di esperti e leader nazionali, sindacalisti e proprietari di fabbriche, insegnanti e madri. Abbandonò la professione medica per promuovere la diffusione delle scuole montessoriane in tutto il mondo. Paladina instancabile dei diritti e del potenziale intellettivo di tutti i bimbi, proseguì le sue ricerche fino al 1952, anno della sua morte.

Il suo lavoro continua a vivere ancora oggi. Il suo approccio sistematico può essere adottato e attuato in quasi tutte le situazioni. Alcuni sono affascinati dal comportamento calmo e responsabile di questi scolari, e ne apprezzano l'amore per lo studio. Altri lodano la libertà, la spontaneità e l'autonomia che il metodo montessoriano concede ai piccini.

Un nuovo inizio
Maria Montessori adottò un approccio scientifico all'educazione, sviluppando attrezzature specifiche e osservando i bambini mentre le usavano.

i periodi sensitivi dell'apprendimento

I bambini attraversano 'periodi sensitivi' in cui sono più predisposti ad apprendere, e alcune di queste occasioni non si presentano due volte.

Maria Montessori notò che i bimbi attraversavano fasi di interesse e curiosità intellettiva (che denominò 'periodi sensitivi') in cui erano attirati da particolari aspetti del loro ambiente. Comprendere questo processo è importante, perché ciascuno stadio rappresenta un'opportunità che, se sfruttata appieno, può influenzare profondamente lo sviluppo dei nostri figli.

Maria Montessori individuò vari periodi sensitivi tra la nascita e il sesto anno di età (*vedi* pp. 16-17), ciascuno dei quali si riferisce a una predisposizione che conduce i piccini ad acquisire determinate caratteristiche. Un periodo sensitivo è un tipo ben preciso di pulsione, che motiva i piccini a concentrarsi intensamente su alcuni aspetti particolari del loro ambiente, giorno dopo giorno, senza stancarsi o annoiarsi. Per esempio, nei primi anni di vita, i bimbi conoscono un periodo sensitivo del linguaggio, durante il quale prestano molta attenzione a cosa diciamo e a come lo diciamo e, prima che ce ne rendiamo conto, iniziano a parlare la nostra stessa lingua con un accento analogo. Ovviamente, si tratta di un meccanismo biologico preimpostato, utile per aiutarli a sviluppare capacità e facoltà che sono parte integrante della nostra eredità di esseri umani.

> "Durante un periodo sensitivo, i bambini sono incuriositi da particolari aspetti del loro ambiente."

La base dell'apprendimento

Poiché è inevitabile che l'inizio e la fine di ogni periodo sensitivo siano spesso diversi da soggetto a soggetto, dobbiamo osservare con attenzione i nostri figli e rispondere nella maniera più idonea per ciascuno di loro. Ricordate che l'apprendimento del vostro bambino in questi stadi iniziali getterà le basi per gran parte del suo sviluppo successivo. Riconoscendo e sfruttando i periodi sensitivi dell'infanzia, i genitori e gli insegnanti possono diventare più abili nel favorire l'apprendimento e lo sviluppo.

Un'opportunità limitata

Durante un periodo sensitivo, i bimbi imparano nuove cose, acquisiscono nuove capacità o sviluppano determinate facoltà cerebrali senza fatica e quasi inconsapevolmente. Ma queste fasi sono transitorie. Una volta che i piccini si sono impadroniti della facoltà o del concetto su cui si erano concentrati, il periodo sensitivo sembra svanire; perciò, se non vengono esposti alle giuste esperienze e stimolazioni al momento giusto, perderanno un'opportunità di apprendimento. Potranno ancora acquisire quelle capacità, ma con anni di allenamento e duro lavoro. Ecco perché, per esempio, imparare una o più lingue è relativamente facile per i bambini di due o tre anni, che si trovano nel periodo sensitivo del linguaggio, mentre è più difficile per gran parte degli adulti.

IL **CERVELLO** DEL BAMBINO

Gli scienziati hanno dimostrato che le esperienze durante i periodi sensitivi dello sviluppo modificano i circuiti cerebrali. Nascono schemi di connessioni che diventano parte del 'paesaggio stabile' del cervello, la base per l'apprendimento e il comportamento futuro.

Un momento per imparare
Con la giusta stimolazione al momento giusto, i piccini imparano quasi senza accorgersene.

IN PRATICA I periodi sensitivi (dalla nascita a 6 anni)

A volte queste fasi sensitive vengono chiamate 'nebule'. Maria Montessori riteneva che andassero incoraggiate, non solo per lo sviluppo cognitivo, ma anche per la serenità del bambino.

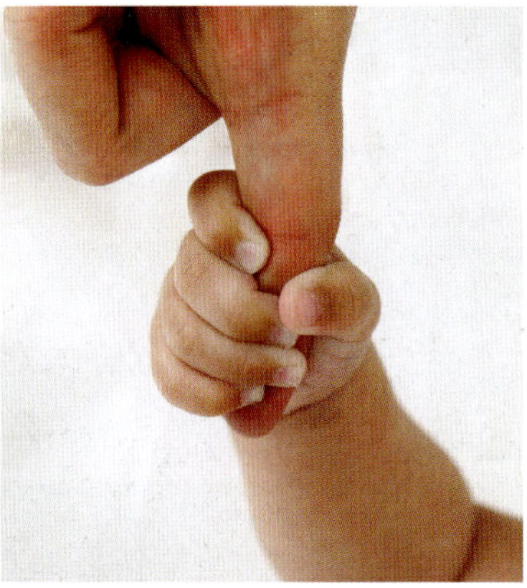

Il movimento (dalla nascita a 1 anno)
I movimenti casuali del bimbo diventano coordinati e controllati: impara ad afferrare, toccare, girarsi, stare in equilibrio, gattonare e camminare.

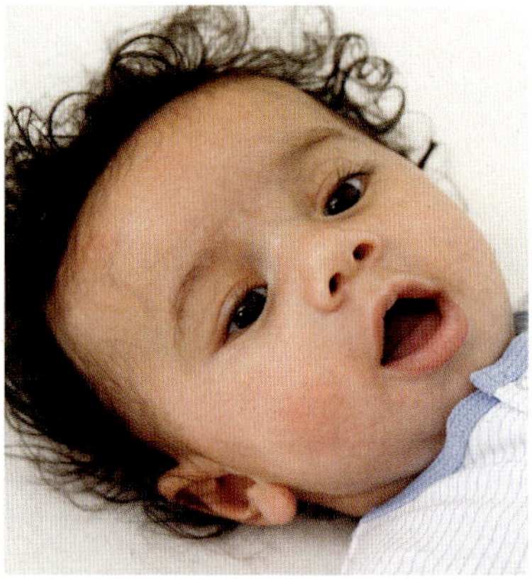

Il linguaggio (da 0 a 6 anni)
Dopo essersi allenato con i primi suoni e le prime vocalizzazioni, il bambino passa dalle lallazioni alle parole, ai sintagmi e infine alle frasi.

L'ordine (da 6 mesi a 4 anni)
Questa fase è caratterizzata da un profondo amore per la routine e da un desiderio di regolarità e ripetizione. Ogni cosa deve avere il suo posto.

I piccoli oggetti (da 1 a 4 anni)
Via via che la coordinazione mani-occhi diventa sempre più accurata, vostro figlio comincerà ad adorare i piccoli oggetti e a notare i dettagli minuscoli.

Il vasino (da 18 mesi a 3 anni)
Man mano che il suo sistema nervoso diventa meglio sviluppato e integrato, vostro figlio imparerà a controllare la vescica e l'intestino.

La musica (da 2 a 6 anni)
Se la musica fa parte della sua vita quotidiana, il bimbo manifesterà un interesse spontaneo per lo sviluppo del tono, del ritmo e della melodia.

Il garbo e la cortesia (da 2 a 6 anni)
Vostro figlio amerà imitare un comportamento educato e premuroso, e interiorizzerà queste caratteristiche nella sua personalità.

I sensi (da 2 a 6 anni)
L'educazione sensoriale inizia alla nascita, ma a partire dai due anni il bambino si lascerà affascinare dalle esperienze dei sensi (vista, gusto, udito, tatto e olfatto).

La scrittura (da 3 a 4 anni)
Maria Montessori scoprì che la scrittura precede la lettura e inizia dal tentativo di riprodurre lettere e numeri con carta e matita.

La lettura (da 3 a 5 anni)
I bimbi manifestano un interesse naturale per i simboli e i suoni che questi ultimi rappresentano. Imparano ben presto a esprimersi a parole.

Le relazioni spaziali (da 4 a 6 anni)
Man mano che sviluppa la comprensione delle relazioni spaziali, vostro figlio diventerà sempre più abile nel ricomporre puzzle complessi.

La matematica (da 4 a 6 anni)
Maria Montessori ideò alcuni metodi per offrire ai bimbi un'esperienza concreta della matematica nel periodo sensitivo dei numeri e delle quantità.

come si sviluppa il cervello del bimbo

Nei primi sei anni, i cervelli dei bimbi si sviluppano a una velocità molto maggiore rispetto a qualunque altro periodo dell'infanzia e dell'adolescenza.

Oggi quasi tutti gli esperti ritengono che, sin dalla nascita, il cervello del bambino segua uno sviluppo prevedibile, incredibilmente reattivo all'ambiente circostante. Il cervello è programmato per acquisire capacità come il linguaggio, ma la sua crescita e i suoi cambiamenti sono dettati dagli stimoli esterni. I condizionamenti cui i bambini sono esposti a casa e nei contesti collettivi durante questi primi anni fondamentali gettano le basi per tutto ciò che verrà dopo.

Maria Montessori studiò lo sviluppo infantile osservando attentamente i bimbi dalla nascita ai sei anni. Più di un secolo dopo, le sue conclusioni sono confermate dalle nuove tecniche di ricerca sul cervello dei piccini. La risonanza magnetica rivela le prove nascoste di come il cervello in via di sviluppo reagisca alla stimolazione intellettiva e sensoriale creando vie neurali e costruendo reti

Una bella chiacchierata
Il maternese è il linguaggio cantilenante che le madri usano spontaneamente con i bebè. Secondo gli studi scientifici, questi sono i suoni che i piccini sentono meglio.

complesse e tenaci. In questi anni i bambini imparano spontaneamente, se sono inseriti nell'ambiente giusto e se ricevono incoraggiamento e opportunità adeguate.

La scienza delle coccole

Di cosa hanno davvero bisogno i bimbi nei primi sei anni di vita, a parte un'alimentazione sana e un sonno di buona qualità? Ecco cosa dicono le ricerche.

Lo sviluppo intellettivo, emotivo e sociale sono interconnessi. Lo sviluppo del cervello si ottimizza quando i piccini si sentono amati, protetti e al sicuro. Le coccole e il conforto gettano basi che li aiuteranno a gestire lo stress da grandi.

- Le esperienze sensoriali fatte con la vista, l'udito, il tatto, il gusto, l'olfatto e il movimento stimolano le cellule nervose, presenti nel cervello sin dalla nascita, a interagire e a costruire connessioni permanenti.
- Secondo Maria Montessori, il cervello viene 'fatto a mano' via via che i piccini esplorano e manipolano le cose nell'ambiente circostante. La scienza lo conferma: l'attività fisica incoraggia la produzione di cellule nell'ippocampo, una parte del cervello con un ruolo fondamentale per la memoria e l'apprendimento.
- La ricchezza del lessico infantile è un importante fattore predittivo del rendimento scolastico. Sin dalla nascita, i bimbi imparano i suoni della loro lingua. Parlare, leggere e cantare insieme sono attività che ampliano il loro vocabolario.
- Il cervello segue uno sviluppo prevedibile, ma ciascun cervello e ciascun bambino sono unici. Ogni piccino ha bisogno di genitori che badino ai suoi segnali, ai suoi ritmi e stati d'animo, e che reagiscano adeguatamente.

Le capacità motorie
Mentre allenano le capacità motorie e perfezionano il controllo dei muscoli, il loro cervello crea connessioni neurali che durano per tutta la vita.

La magia delle scuole Montessori

Il messaggio montessoriano è ancora attualissimo e si sviluppa in scuole diffuse in tutto il mondo.

I bambini trattati con rispetto e incoraggiati a mettere alla prova nuove capacità imparano più velocemente ad arrangiarsi da soli. Maria Montessori ci insegna che, quando si sente rispettato e competente, un piccino raggiunge un livello di benessere emotivo molto più alto rispetto a un bimbo che viene semplicemente amato e coccolato.

Gli insegnanti montessoriani sono convinti che il buon rendimento scolastico sia direttamente proporzionale alla misura in cui i bambini si considerano esseri umani capaci e indipendenti. Mentre i più piccoli imparano a versare liquidi, scrivere lettere e fare le somme, i più grandicelli apprendono le tecniche di ricerca, la navigazione in Internet e forme più avanzate di scrittura e calcolo. Quando i piccini acquisiscono un considerevole grado di autonomia, gettano le basi per una vita di autodisciplina, senso della responsabilità e corrette abitudini lavorative.

Rimbocchiamoci le maniche
Quando lavorano sul pavimento, i bimbi delimitano la loro area con un tappetino.

La libertà di imparare

In un'aula montessoriana vi sono alcune regole fondamentali riguardanti l'ordine e il comportamento, ma per il resto i bimbi sono liberi di scegliere l'attività che preferiscono e di dedicarvisi per tutto il tempo che desiderano. Possono girare qua e là e scegliere se lavorare da soli o con gli altri. Nella maggior parte dei casi, optano per le occupazioni che catturano il loro interesse, benché gli insegnanti li orientino verso quelle più idonee per presentare loro nuove sfide e nuove aree di esplorazione. Quando hanno concluso un'attività, i bambini sono esortati a rimettere al loro posto i materiali. Gli scolari imparano a gestire la loro comunità e affinano l'indipendenza e le capacità di leadership.

È facile seguire questi principi anche a casa. Se creerete uno spazio accogliente ma ordinato in cui i vostri figli possano lavorare e giocare liberamente, la loro autonomia e fiducia in sé stessi fioriranno.

Bella e ordinata
L'aula montessoriana crea un senso di ordine che instilla negli alunni l'autodisciplina e l'indipendenza.

IN PRATICA Attività su misura

Le attrezzature hanno un aspetto accattivante, le dimensioni giuste per le manine, e sono studiate per essere compiti completi, così che i piccini abbino la soddisfazione di vedere i risultati del loro lavoro.

I bottoni
Allenandosi con un apposito telaio, i bambini acquisiscono le capacità necessarie per vestirsi.

Una bella lucidata
I bimbi adorano lucidare piccoli oggetti d'ottone e d'argento, poi passano a lucidarsi le scarpe.

Impariamo a versare
Piccole caraffe di vetro o porcellana, adatte alle mani infantili, sono utili per insegnare ai bambini a versare con cura i liquidi.

Riconoscere le lettere
I bambini imparano a leggere foneticamente, componendo parole e frasi con l'"alfabeto mobile" fatto di vocali blu e consonanti rosa.

La scrittura
Per perfezionare la coordinazione mani-occhi necessaria a impugnare correttamente la matita, i bimbi tracciano delle forme sulla carta.

Attrezzi sensoriali
Questi cilindri di legno, di varie forme e profondità, aiutano i piccini a esplorare e potenziare i sensi.

un buon inizio

I bimbi nascono curiosi, creativi e intelligenti. Arricchite il mondo di vostro figlio per aiutarlo a realizzare tutto il suo potenziale.

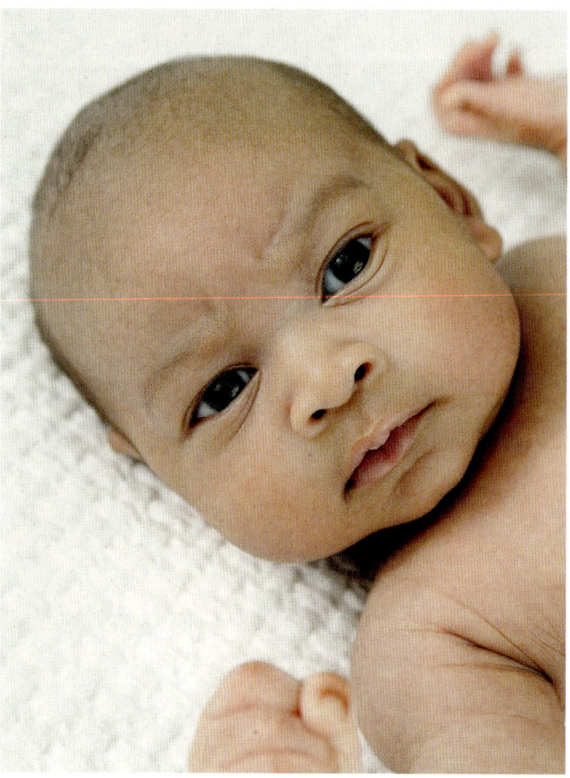

Pur differenziandosi dagli adulti da molti punti di vista, il neonato è un essere umano completo, presente nella stanza con noi e capace di incorporare nei suoi ricordi più profondi tutte le immagini, i suoni, gli odori e le sensazioni tattili che percepisce. Quando noi genitori comprendiamo davvero questo fenomeno, siamo più consapevoli dell'impressione prodotta da ciò che facciamo, diciamo e permettiamo di farei ai nostri figli dal momento della nascita e per i primi giorni, mesi e anni di vita.

Un parto dolce

Fino a pochi anni fa i bimbi nascevano nelle sale operatorie degli ospedali. Dopo nove mesi trascorsi a galleggiare nell'ambiente buio, caldo e ospitale del ventre materno, dove tutti i suoni giungevano attutiti,

Menti assorbenti
Dal momento in cui vengono al mondo, i bimbi sono reattivi e ricettivi a tutti gli aspetti del loro ambiente.

i piccini subivano il trauma del parto ed entravano in una stanza fredda, rumorosa e piena di luce, dove gli adulti li trattavano con modi bruschi. Ora è difficile immaginare un medico che prende un piccolo per la gamba e lo tiene a testa in giù mentre gli dà una sculacciata per farlo respirare, ma questa era una pratica diffusa. Poi, anziché permettere alla madre e al bambino di conoscersi e riposarsi, l'ostetrica tagliava subito il cordone ombelicale e portava il neonato in un altro locale per pesarlo e lavarlo.

Oggi, grazie anche all'influenza montessoriana, l'assistenza alla nascita viene fornita da medici più sensibili. Le sale parto moderne usano una luce soffusa, la temperatura è gradevole, musica rilassante può essere riprodotta e tutti parlano a bassa voce. Dopo il parto, il neonato viene adagiato sulla pancia della madre per riposarsi e instaurare un legame con lei prima di essere lavato, pesato e visitato. Naturalmente, è improbabile che si adottino queste pratiche in caso di emergenze mediche e quando i bambini nascono con il taglio cesareo in sala operatoria, ma l'assistenza dopo la nascita dovrebbe essere calma e rilassata.

> "Il neonato è un essere umano completo… assorbe tutte le immagini, i suoni, gli odori e le sensazioni tattili che percepisce."

Un viaggio meraviglioso
Ogni conquista fisica di vostro figlio scaturisce dall'esigenza di nuove esperienze.

Il legame con il neonato

Nelle prime ore dopo la nascita, vi è un periodo sensitivo in cui i piccini instaurano un legame molto solido con i loro genitori. Secondo la dottoressa Silvana Montanaro, direttrice dei corsi per assistenti all'infanzia dell'Association Montessori Internationale (AMI) di Roma, "le ricerche dimostrano che il grado e la qualità delle cure prestate dalla madre al bambino sono profondamente condizionati dal modo in cui i due trascorrono insieme il tempo nei primi giorni dopo il parto".

Questo rapporto inizia dal contatto fisico che si crea quando il padre e la madre coccolano e accarezzano il bambino, e diventa ben presto il vincolo emotivo che osserviamo in tutte le relazioni sane tra genitori e figli. Si tratta di un legame biunivoco. Il bimbo si sente al sicuro tra le braccia dei genitori e si fa un'idea chiara e duratura dei loro volti, del loro odore e del suono delle loro voci; allo stesso tempo, di solito gli adulti si 'innamorano' del bambino, il che li aiuta molto a tenere duro durante i primi mesi, quando riescono a dormire poco e devono adattarsi alla nuova situazione.

Entrambi i genitori dovrebbero tenere in braccio il neonato e coccolarlo a turni, per assicurarsi che instauri un legame solido con ciascuno di loro. Accarezzate vostro figlio con dolcezza mentre è sdraiato sulle vostre ginocchia oppure stringeteveło contro il petto nudo perché avverta il calore della vostra pelle.

Quasi tutti i bambini, in particolare i prematuri e quelli afflitti da problemi di salute, reagiscono molto bene a un massaggio delicato, che li rilassa e agevola l'instaurazione del legame affettivo. Si ritiene, inoltre, che favorisca il sonno e la digestione. In commercio si trovano molti libri e video che illustrano come massaggiare i bebè e ne spiegano i vantaggi.

Calmare e tranquillizzare il piccino

I bambini amano i suoni del linguaggio infantile emessi dagli adulti: cantilene, vocalizzazioni e voci buffe catturano la loro attenzione. E, naturalmente, è risaputo che recitare poesie o filastrocche, cantare ninnananne o leggere ad alta voce dondolandosi piano su una sedia sono i metodi migliori per calmare il pianto.

Alcuni piccini trasaliscono e strillano con facilità, mentre altri hanno qualche difficoltà ad addormentarsi o sono ipersensibili al tatto, alla luce o al rumore. Non allarmatevi se vostro figlio mostra reazioni di questo tipo o se sembra distrarsi quando gli parlate o gli cantate qualcosa. Continuate a consolidare il legame con lui, accarezzandolo con dolcezza, parlandogli a bassa voce, creando un'atmosfera silenziosa e tenendo la luce soffusa. Col tempo si adeguerà all'ambiente circostante, abituandosi al mondo nuovo e curioso in cui è stato catapultato.

IL **CERVELLO** DEL BAMBINO

L'approccio educativo migliore procede in sincronia con lo sviluppo del cervello infantile. Nella primissima infanzia, questo processo si basa sulle esperienze affettive, sensoriali e sociali. I bebè seguiti attentamente affinano capacità neurobiologiche che aumentano le probabilità di una vita sana e appagante.

Il massaggio
Un massaggio delicato aiuta il piccino a rilassarsi, favorendo anche l'instaurazione del legame affettivo.

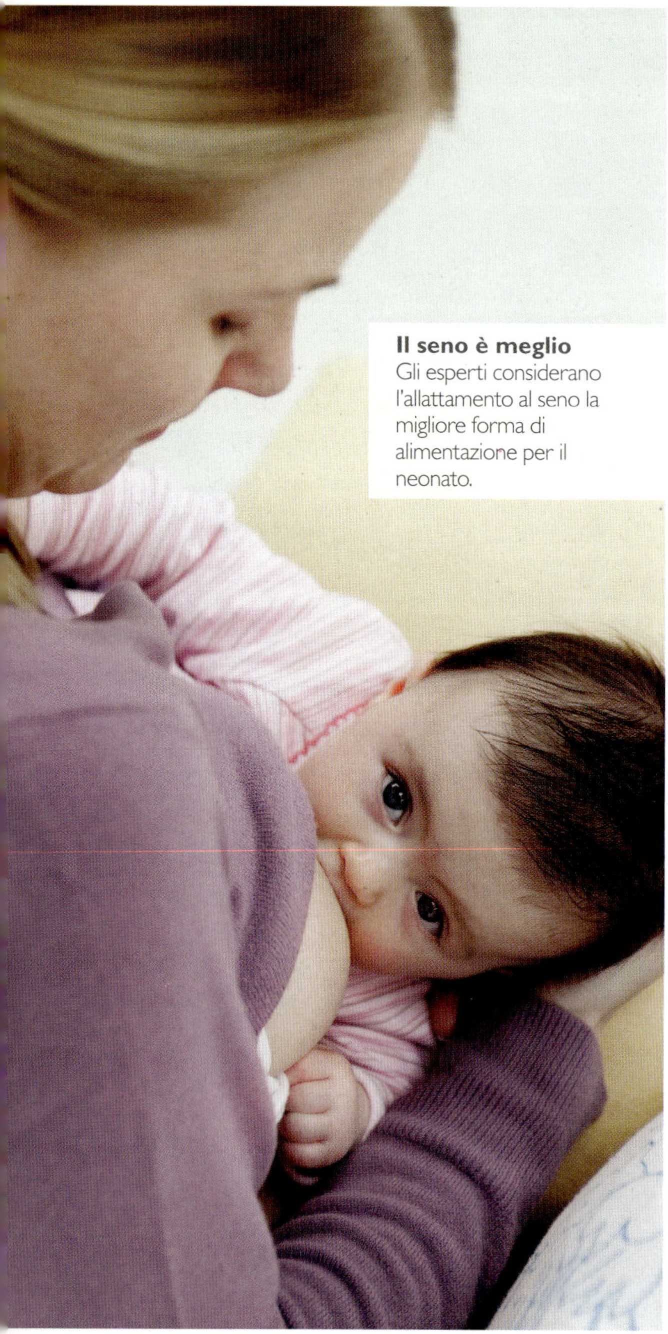

Il seno è meglio
Gli esperti considerano l'allattamento al seno la migliore forma di alimentazione per il neonato.

Ora tocca a papà
Dare latte materno con il biberon significa che i papà non sono esclusi dalla routine della pappa.

L'alimento più adatto

Per diversi decenni, a partire dagli anni Sessanta, la promozione e la popolarità del latte in polvere hanno fatto sembrare antiquato l'allattamento al seno. Ora, grazie a una migliore conoscenza dei benefici del latte materno e alle campagne di gruppi come *La Leche League*, l'allattamento al seno viene nuovamente considerato la forma di alimentazione migliore per i neonati ed è più utilizzato che mai. Secondo l'Organizzazione mondiale della sanità, l'allattamento al seno dona benefici che, sul piano della salute, si protraggono fino all'età adulta.

Esorterei tutte le madri che ne sono in grado a sfruttare questa possibilità. Il latte materno ha molte virtù: è facilmente digeribile, fornisce il nutrimento ideale e contiene anticorpi che proteggono il neonato da infezioni e malattie. Aspetto altrettanto importante, l'allattamento al seno rafforza il legame tra madre e figlio. Anche i papà possono instaurare un rapporto con il piccino utilizzando un biberon pieno di latte materno. Se non potete allattare il vostro bambino al seno, consolidate il vostro legame stringendo il neonato, guardandolo negli occhi e parlandogli con dolcezza durante le poppate con il biberon.

Amici per la pelle

Poiché la pelle dei neonati è sensibilissima, occorre scegliere soltanto pannolini e tessuti di cotone o di altre fibre naturali per evitare le irritazioni. Preferite indumenti di buona qualità, evitando quelli sintetici o pieni di fronzoli e privilegiando sempre la comodità del bambino rispetto al fattore estetico.

Un altro elemento legato alle irritazioni cutanee è il fatto che alcuni piccini tendono a graffiarsi la faccia durante i primi mesi di vita, mentre imparano a esplorare il loro corpo con le mani. Anziché coprire le dita di vostro figlio, tagliategli le unghie in modo che possa continuare le sue esplorazioni. In seguito, il bimbo vorrà esplorarsi le estremità inferiori, perciò tagliategli anche le unghie dei piedini.

A volte, i bebè amano essere avvolti in fasce leggere mentre si abituano a vivere fuori dall'utero. Dopo una o due settimane togliete le fasce e lasciategli le mani e i piedi scoperti quando è in casa, per consentirgli di scalciare liberamente e acquisire il controllo delle manine.

Il guardaroba del bebè
Preferite gli indumenti di fibre naturali per evitare le irritazioni cutanee.

La scelta dei pannolini

Invito i genitori a usare sin dalla nascita morbidi pannolini di cotone anziché quelli usa e getta, ormai così diffusi. Questa raccomandazione è motivata da tre buone ragioni, che fanno dimenticare l'aggravio di lavoro per lavare i pannolini o la spesa di portarli in lavanderia. Primo, il largo impiego delle versioni usa e getta ha creato montagne di rifiuti non trattati e di materiali lentamente degradabili nelle discariche di tutte le città. Secondo, il cotone naturale è meno irritante per la pelle dei neonati. E infine, grazie al tessuto, i bimbi si accorgono di essere bagnati e imparano a capire quando hanno urinato. Queste competenze sono importanti quando il piccino raggiunge lo stadio evolutivo in cui è pronto a usare il WC (*vedi* pp. 92-93).

Il bisogno di dormire

I bebè dormono moltissimo. Come gli adulti, dormono per riposare il corpo e per consentire alla mente di elaborare e integrare le esperienze e le impressioni sensoriali della giornata. Il sonno è indispensabile sia per il benessere fisico, sia per la salute mentale dei bambini. I bimbi si assopiscono spesso quando sono stanchi o quando sono tempestati di impressioni sensoriali. Fino a poco tempo fa, il piccino viveva nel vostro utero, un universo caldo, confortevole e crepuscolare senza rumori forti o spigoli. Ora il suo mondo è pieno di luci intense, suoni fastidiosi, movimenti improvvisi e strane cose che gli sfiorano la pelle. È inevitabile che talvolta ne abbia abbastanza e preferisca staccare la spina e scivolare nel sonno.

Non è necessario tenere in braccio il bimbo mentre si addormenta; può darsi tuttavia che gli faccia piacere avvertire la vostra presenza. Potete collocare un grande ritaglio di tessuto, un futon o un materassino nella stanza in cui la vostra famiglia si riunisce di solito, cosicché il bebè non si senta isolato. Avvertire la vostra vicinanza, udire la vostra voce e vedere del movimento attorno a sé lo conforterà. Potrà guardare e ascoltare, per poi appisolarsi quando è stanco.

"Non svegliare un bambino addormentato" è un vecchio adagio, tramandato di madre in figlia per generazioni, ed è corretto. Lasciate che il piccino riposi tranquillo, evitando di spostarlo bruscamente, tenendo le luci basse e parlando piano mentre dorme.

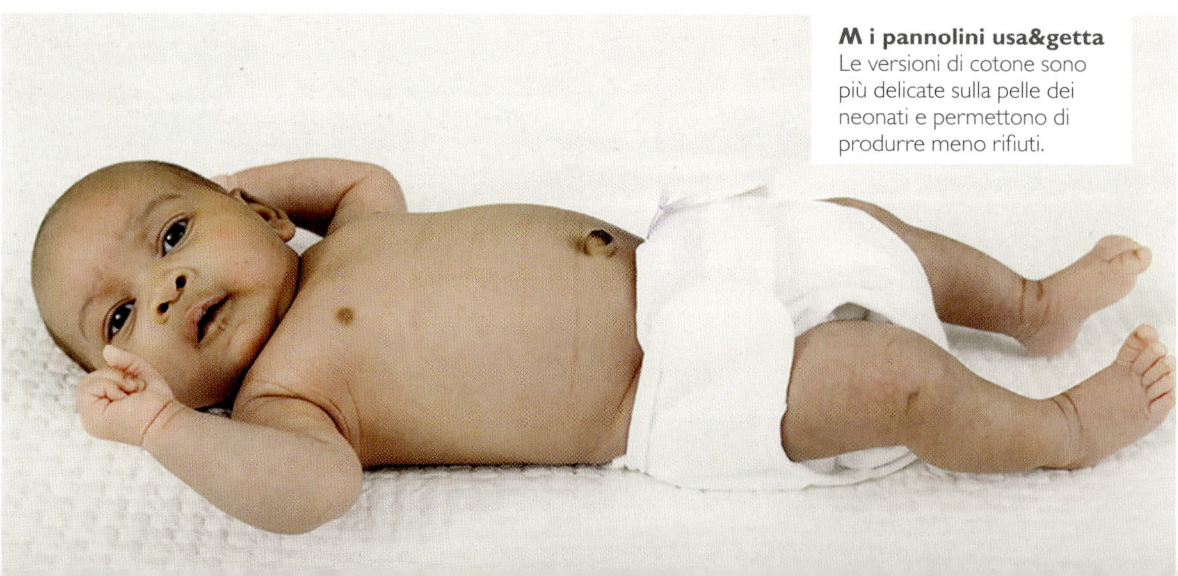

M i pannolini usa&getta
Le versioni di cotone sono più delicate sulla pelle dei neonati e permettono di produrre meno rifiuti.

Sempre al corrente
Steso su un morbido pezzo di tessuto può partecipare alle attività di famiglia, ma anche appisolarsi quando ha bisogno di riposare.

il bebè cresce

Durante il primo anno di vita, il piccino si sviluppa e cambia rapidamente. Concedetevi il tempo di reagire a ogni progresso e di esserne felici.

Maria Montessori adottò un approccio semplicissimo ai bimbi, convincendosi che occorresse:

- rispettarli come esseri umani completi
- garantire loro tutta la libertà di movimento e di scelta delle attività possibile
- aiutarli a diventare sempre più indipendenti creando un ambiente sicuro e a misura di bambino che facilitasse le loro esplorazioni.

Per il primo mese, più o meno, i neonati tendono ad avere un controllo motorio limitato. Muovono le braccia e le gambe a scatti, e non riescono a tenere diritta la testa, motivo per cui dobbiamo sempre ricordarci di sostenerla. Poi, all'improvviso, scoprono le mani, i piedi e la faccia, e ne sono affascinati.

A tre mesi, i bimbi riescono spesso a sollevare il capo e il busto quando sono in posizione prona. Allungano le dita verso gli oggetti che penzolano loro davanti, afferrano e scuotono i giocattoli. A sette mesi, giocano ormai con le dita dei piedi e afferrano gli oggetti, infilandoseli in bocca o sbattendoli contro il pavimento. Con un po' di aiuto riescono anche a stare seduti. Di solito, imparano a gattonare e ad alzarsi entro il loro primo compleanno. Talvolta sanno già muovere qualche passo aggrappandosi ai mobili, oltre a

Una nuova scoperta
Le manine diventano ben presto un oggetto di grande interesse e di emozionanti esplorazioni per i piccini, perciò tagliate loro le unghie e lasciate libere le manine.

Pronto per entrare in azione
Vostro figlio comincerà entro breve a rotolarsi e a compiere i primi passi verso la mobilità.

restare in piedi da soli per qualche istante e a camminare se li tenete per mano e vi spostate con loro.

Durante il secondo anno, vostro figlio diventerà sempre più agile e mobile. Noterete i primi segni di questo progresso man mano che esprimerà il suo desiderio innato di indipendenza. Per esempio, inizierà a tenere in mano la tazza e a bere da solo, senza rovesciare sempre tutto. Comincerà anche a tendere una mano o un piede mentre lo vestite. Ancor prima che il bambino si metta a gironzolare autonomamente per casa, capirete che è fondamentale riprogettare l'ambiente domestico in sua funzione.

una casa a misura di bambino

È fondamentale che i bimbi si sentano a loro agio in casa sin dai primissimi giorni.

Quando ci domandiamo come conformare le nostre case al metodo Montessori, dobbiamo tenere presente l'importanza degli oggetti che vi introduciamo, e soprattutto di quelli che i nostri figli useranno nei primi tre anni di vita. Le giovani menti assorbono come spugne ogni tipo di impressione e, nel periodo precedente lo sviluppo linguistico, le esperienze sensoriali costituiscono tutto il loro mondo.
Prefiggetevi due obiettivi:

- organizzate la vostra abitazione in modo da incoraggiare l'indipendenza del bambino e la fiducia in sé stesso, senza mai dimenticare la salute e la sicurezza.
- progettate una casa che comunichi un'idea di ordine, bellezza e tranquillità.

Liberi di gironzolare
Per imparare, i bambini hanno bisogno di spostarsi qua e là ed esplorare. Se creerete un ambiente a misura di bambino, saranno liberi di farlo.

Esaminate le dimensioni degli oggetti. Logicamente, i mobili che usiamo e la disposizione dei locali sono pensati per gli adulti. Lavandini e WC, tavoli, sedie, sofà e letti sono tutti alti. I neonati e i bambini, invece, sono molto piccoli. Senza stravolgere tutta la casa, cercate di modificare i locali in cui la famiglia si riunisce affinché siano accoglienti anche per i bimbi.

Una questione di sicurezza

La sicurezza è, e deve sempre essere, un obiettivo prioritario, ma i piccini devono anche avere la libertà di muoversi ed esplorare. Il vostro compito è creare un ambiente domestico abbastanza sicuro perché possano farlo sotto la vostra supervisione, ma senza dover temere ogni minuto che possa accadere qualcosa di terribile. Molti genitori si preoccupano troppo per la sicurezza, e questo li induce a confinare i loro figli in spazi ristretti come box, lettini, marsupi, seggioloni, altalene, passeggini e simili. Non è raro vedere un bimbo relegato in un marsupio che si trasforma in seggiolino per auto, che si trasforma a sua volta in passeggino. Il piccino viene così sballottato qua e là senza alcun movimento o contatto fisico.

Da un certo punto di vista, sembra ragionevole confinare i bambini per motivi di sicurezza, ma i genitori devono anche capire che ogni ora trascorsa in un marsupio è un'opportunità perduta. Con un po' di libertà in più, i bimbi possono perfezionare la forza e la coordinazione muscolare, oltre che ricevere la stimolazione sensoriale dell'apprendimento pratico. Rendendo la casa sicura e a misura di bambino, creerete un ambiente in cui il piccino sia libero di muoversi ed esplorare senza diventare per voi una fonte di costante preoccupazione.

> "La sicurezza è un obiettivo prioritario, ma i piccini devono anche avere la libertà di muoversi ed esplorare."

IL SENSO DELLA SICUREZZA

Sono disponibili molti prodotti che vi aiuteranno a rendere più sicura la vostra abitazione. Ecco alcuni punti da tenere a mente.

- Coprite tutte le prese elettriche a portata di bambino.
- Installate dei cancelletti di sicurezza per chiudere la cameretta, le scale e i locali in cui non volete che il bimbo entri (o da cui non volete che esca).
- Rimuovete o mettete in sicurezza tutti i fili elettrici che corrono sul pavimento e in qualsiasi punto accessibile al bambino.
- Alcune piante da appartamento sono velenose se vengono ingerite. Eliminatele.
- Chiudete a chiave i cassetti e gli armadietti in cui conservate attrezzi, forchette, coltelli, prodotti chimici e altri oggetti pericolosi.
- La cucina a gas è un pericolo. Tenete i manici delle pentole rivolti verso la parte posteriore del piano cottura, mentre cucinate. Meglio ancora, applicate un'apposita protezione intorno al piano.
- Le stanze da bagno contengono oggetti pericolosi (il water, i rasoi, i profumi alcolici, le lozioni...). Chiudete la porta per evitare visite non guidate e tenete sempre sotto chiave i medicinali.

progettare la prima cameretta

Create un locale organizzato ma stimolante, che consenta esplorazioni insieme sicure e divertenti, quando vostro figlio inizierà a gironzolare.

I bambini osservano tutti gli aspetti dell'ambiente che li circonda, studiando con attenzione i suoni, i colori, i motivi, i sapori e le consistenze. Quando progettate la prima cameretta, pensate a una stanza traboccante di bellezza. Deve essere luminosa e variopinta, pulita e ordinata. Tenendo a mente queste osservazioni, guardate il locale dalla prospettiva del bambino. Accovacciatevi sul pavimento. Che cosa vedete? Che cosa sentite? Le prime settimane e i primi mesi di vita del bimbo saranno il periodo in cui tutto gli apparirà nuovo e sconosciuto, e in cui il piccino accumulerà impressioni che lo accompagneranno per tutta l'esistenza. Scegliete oggetti che siano belli e fatti bene.

La stimolazione visiva

Alla nascita, gli occhi del bebè tendono a fissarsi su oggetti abbastanza vicini, ma riescono a vedere e a ricevere stimoli anche da qualcosa di più lontano, soprattutto se è in movimento. Una delle prime cose che i neonati vedono e su cui si concentrano istintivamente è il volto umano. La vostra presenza e l'interazione con vostro figlio sono una fonte preziosa di stimolazioni visive. Con il passare dei giorni, il suo

Le regole di base per la cameretta
La stanza del bebè deve essere silenziosa, pulita e ordinata, con poster vivaci e giostrine appese alla giusta altezza.

interesse per ciò che lo circonda aumenterà sempre di più. Per gli oggetti in movimento, appendete una giostrina sopra il lettino e il fasciatoio, perché abbia qualcosa da osservare. Potete anche realizzarne alcune a mano e sostituirle di tanto in tanto per offrirgli cose nuove da guardare.

Le opere d'arte

Decorate le pareti della cameretta con immagini appese molto in basso (a un'altezza equivalente al livello degli occhi quando il bambino è abbastanza grande per camminare). Evitate i soliti personaggi dei cartoni animati e le immagini commerciali del cinema e della televisione. Preferite stampe artistiche o poster che raffigurino scene gradevoli con bimbi e animali. In questi anni di acuta sensibilità, vale la pena mettere vostro figlio in contatto con oggetti di buona qualità.

Il valore della musica

Oggi molti genitori sanno quanto sia importante far ascoltare la giusta musica ai piccini; la musica dovrebbe essere una parte importante della vita di ogni bambino. Ritagliate uno spazio che sia fuori della portata di vostro figlio, procuratevi un normale stereo e una collezione di compact disc e scegliete brani dalle melodie semplici e, quando possibile, dalla strumentazione ben definita: per esempio, musiche per arpa, per flauto o per chitarra classica. Evitate di sovrastimolare vostro figlio tenendo il volume troppo alto.

I giocattoli più adatti

Durante i primi mesi, i neonati non necessitano di molti giocattoli a parte qualche sonaglio o un paio di peluche. Con il passare dei mesi, tuttavia, vi accorgerete che vostro figlio ne accumulerà una quantità

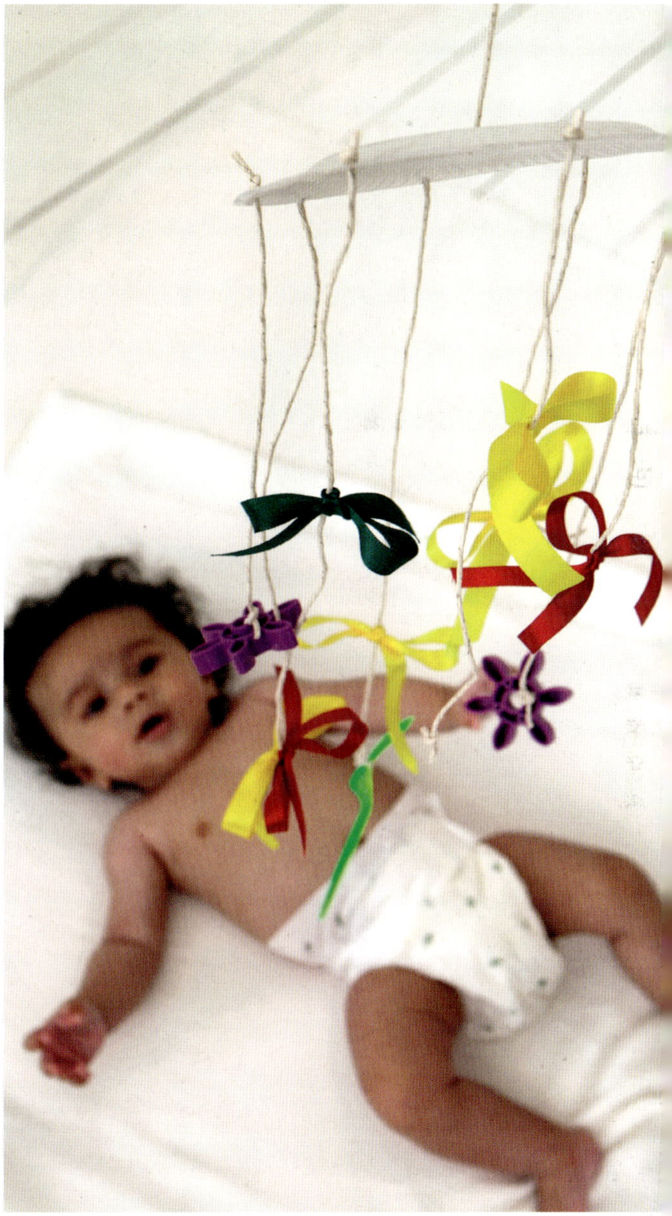

Le prime impressioni
Stimolate la vista del bimbo con una giostrina appesa sopra il lettino o il fasciatoio.

Un accesso semplificato
Un letto basso o un futon adagiato sul pavimento garantiranno al bambino una maggiore libertà, una volta che avrà imparato a spostarsi.

sempre maggiore. Non c'è bisogno di acquistare costosi giocattoli a batteria, soprattutto per i bimbi di età inferiore a tre anni. Preferite invece quelli che il bambino può impilare e assemblare o con cui può interagire in un modo o nell'altro. Evitate quelli che si limitano a fare qualcosa mentre il piccino li guarda. Incoraggiate vostro figlio a impegnarsi attivamente, non a essere un osservatore passivo.

Scegliete robusti giocattoli di legno anziché i modelli di plastica disponibili in tutti i negozi moderni. Ricordate che il piccino è in un periodo sensitivo in cui registra forti impressioni sensoriali. I giocattoli di plastica sono più o meno indistruttibili e relativamente economici, ma i bambini non li amano quanto quelli di legno e tendono a trattarli con maggiore negligenza. Uno dei nostri obiettivi è insegnare loro l'amore per le cose belle sin dalla più tenera età, coltivando al tempo stesso il loro senso dell'ordine.

Anziché usare una scatola, riponete ordinatamente i giocattoli su alcune mensole. Se un giocattolo è formato da tante piccole parti, conservatele tutte insieme in un cestino.

Il lettino

Il primo letto di vostro figlio può essere un lettino con le sponde o, in alternativa, un piccolo futon o un materasso adagiato sul pavimento. Un letto così basso avrà proprio l'altezza giusta affinché il bambino possa scendere o salire quando sarà abbastanza grande per spostarsi. Purché la cameretta sia del tutto sicura, esplorarla è molto più interessante che essere confinati tra quattro sponde. Il locale può diventare una zona di gioco perfetta. Vi basterà procurarvi un cancelletto da installare nel vano della porta, coprire le prese elettriche e fare attenzione a ciò che introducete nella stanza. Per il lettino, usate coperte e lenzuola, passando a cuscini e piumini solo quando il piccino avrà almeno un anno.

Un futon basso con una protezione impermeabile è anche un'alternativa sicura al tradizionale fasciatoio. Non è difficile immaginare che il bambino cada mentre lo cambiate, una volta che avrà imparato a dimenarsi.

Tutto in ordine
Tenete i giocattoli su mensole facilmente raggiungibili anziché riporli in una scatola.

adattate la vostra casa al bimbo che cresce

Man mano che il bambino diventa più dinamico e indipendente, cercate di trasferire le sue attività nei locali in cui la famiglia si riunisce.

Se vengono abbandonati a sé stessi, i bambini piccoli tendono spesso a provocare un certo caos, ma amano moltissimo anche gli ambienti ordinati e ne hanno un profondo bisogno. Cercate di allestire le stanze in cui vostro figlio trascorre la maggior parte del suo tempo in modo da consentirgli di vivere in locali strutturati e ben organizzati. L'impatto che ciò può avere sulla sua personalità in via di sviluppo vi stupirà.

In salotto

Tutte le famiglie tendono a riunirsi in un particolare locale della casa, sia esso il salotto o la stanza dei giochi. Progettate questo spazio tenendo presente il bambino. Dovranno esserci delle mensole su cui potrà disporre libri e giocattoli in maniera ordinata e invitante. Evitate di tirare fuori troppi libri e giocattoli tutti insieme. Dividete i giocattoli in tre o più gruppi: i preferiti, da conservare sempre sui ripiani, e due o tre serie da alternare a intervalli di un mese circa.

Procuratevi un tavolo e qualche sedia a misura di bambino su cui vostro figlio possa lavorare con minuziosità ai suoi progetti. I mobili devono avere l'altezza giusta per incoraggiare una postura corretta mentre il piccino legge, scrive e lavora. Aggiungete una cesta contenente alcuni tappetini da stendere per delimitare le aree di gioco quando il bimbo decide di sedere sul pavimento (*vedi* p. 85).

In cucina

Se possibile, quando vostro figlio avrà circa due anni, fate spazio in cucina per un piano di lavoro adatto ai giovani cuochi. Usate il cassetto più basso per le sue forchette e i suoi coltelli e i cucchiai, e una mensola per i piatti, le scodelle, i bicchieri e i tovaglioli da bambino. Riservategli il ripiano inferiore del frigorifero per mettere qualche pezzo di frutta e gli ingredienti necessari per preparare degli spuntini. Utilizzate contenitori di plastica infrangibile per conservare affettati, marmellate e formaggi spalmabili. Un bambino di due anni è in

Uno spazio a misura di bambino
Mensole accessibili e ceste per riporre i giocattoli permettono ai piccini di crearsi un ambiente organizzato.

Arte culinaria
In cucina, un piano di lavoro a misura di bambino consentirà al piccino di lavorare e giocare accanto a voi.

Più in alto
I bambini devono riuscire a raggiungere il lavabo. Accertatevi che il gradino sia robusto e ben fermo.

grado di aprire lo sportello e prendere uno snack o una bibita fresca contenuta in una tazza. Un bimbo un po' più grande si sa versare il succo di frutta da una brocca e prepararsi la merenda (*vedi* pp. 106-107). Potete acquistare gli spuntini già pronti, per esempio gli yogurt, in piccole porzioni individuali e sistemarli sulla mensola più bassa.

In bagno

Date un'occhiata al vostro bagno per capire come facilitare le cose a vostro figlio quando avrà bisogno di usarlo. Il piccino deve essere in grado di raggiungere il lavabo, aprire i rubinetti e prendere lo spazzolino e il dentifricio senza aiuto. Custodite il suo asciugamano in un punto facilmente raggiungibile. Quasi tutti i genitori acquistano degli sgabelli, ma quelli piccoli e traballanti non offrono uno spazio abbastanza comodo e sicuro. Se possibile, comprate o costruite una robusta piattaforma di legno alta 15 o 20 centimetri da sistemare davanti al lavabo o al WC.

Nell'ingresso

Create un ingresso a misura di bambino sistemandovi una panca bassa dove vostro figlio possa lasciare le sue scarpe, abbinate con delle mollette, e posizionate i ganci appendiabiti a un'altezza che riesca a raggiungere da solo.

In camera da letto

Quando vostro figlio compirà due anni, potrete continuare a farlo dormire su un futon oppure acquistare un letto molto basso. In questo modo, il piccino potrà salire e scendere con facilità e in tutta sicurezza, sentendosi più indipendente. Purché il bimbo abbia più di un anno, potete permettergli di usare un piumino o un lenzuolo a sacco, in modo che abbia molte meno difficoltà a rifarsi il letto la mattina.

Oltre a scegliere mobili a misura di bambino, assicuratevi che vostro figlio riesca a raggiungere senza troppa difficoltà la maniglia della porta e gli interruttori della luce. Potete far modificare gli interruttori con prolunghe che gli consentano di accendere e spegnere la luce autonomamente.

Progettate la cameretta del piccino fino a un certo punto, ma poi lasciate che rifletta la sua personalità e i suoi interessi del momento. Oltre allo spazio per l'utilizzo dei giocattoli, collocatevi un tavolo per i lavori artistici che non sporcano, per esempio disegni o collage. Appendete una bacheca in una posizione bassa affinché il bambino possa esporre le sue creazioni. Anche piccoli tavoli e ripiani sono adatti a questo scopo.

La musica dovrebbe essere una parte importante nella vita di ogni piccino. Procuratevi un lettore musicale con una raccolta di canzoni preferite e mostrate con chiarezza a vostro figlio come usarlo con cura e buonsenso.

Un ingresso impeccabile
Ganci appendiabiti facilmente raggiungibili, una panca bassa e uno sgabello basso.

Un ambiente ordinato
Quando ogni cosa ha il suo posto, il bambino riesce a tenere in ordine la sua cameretta.

Un pezzo di compensato pesante su un tavolino è un'ottima base per costruire il modellino di una città o di una fattoria, con tanto di edifici, abitanti e animali.

Evitate il disordine. Riponete i giocattoli composti da più parti in contenitori adeguati, per esempio cestini o scatole di plastica col coperchio. Osservate le mensole della nostra aula montessoriana (*vedi* pp. 20-23), e cercate di imitarle. Conservate i mattoncini in una borsa di tela robusta e colorata provvista di manici. Cucite una striscia di velcro di modo da chiuderla. Così sarà facile prenderla e portarla con voi quando uscite di casa.

IN PRATICA Progettiamo la cameretta

Un locale dove ogni cosa è accessibile e ben conservata incoraggerà l'autonomia, la cura e il rispetto per gli oggetti e il senso di responsabilità per il proprio spazio.

Ordine
Un cestino è l'ideale per i giocattoli con molti pezzi e permette al bimbo di riordinare da solo.

La scatola dei pastelli
Conservate i pastelli in una scatola che si possa raggiungere e spostare senza difficoltà.

Natura in mostra
Riservate uno spazio per un museo della natura in cui esibire gli 'esemplari' trovati.

Le ceste
Invece di un cassettone ricorrete a una mensola bassa su cui sistemare piccole ceste per i calzini e la biancheria.

La rotazione
Riponete i giocattoli su ripiani bassi, poi attuate un sistema di rotazione perché i giocattoli non siano sempre disponibili tutti insieme.

L'appendiabiti
Un appendiabiti basso permette al piccino di appendere facilmente cappotti e sciarpe, e di recuperarli da solo.

PASSO DOPO PASSO Dipingiamo un quadro

La pittura non deve necessariamente essere un'attività 'sporca'. Riservatele un angolo facile da ripulire, preparate i materiali e mostrate al bambino i passaggi da seguire.

Uno
Fred indossa una mantella di plastica, stende un giornale e versa le tempere in vasetti dall'imboccatura larga.

Due
All'inizio ci è voluta un po' di pratica, ma adesso Fred è in grado di attaccare un foglio di carta al cavalletto con un fermaglio.

Tre
Fred fa sgocciolare il pennello ed elimina la tempera in eccesso sfregando le setole contro il bordo del vasetto.

Quattro
Quando ha finito, usa le mollette da bucato per appendere il suo disegno su uno stendibiancheria, richiude i vasetti con i coperchi e lava i pennelli.

Un area per le attività artistiche e artigianali

Quasi tutti siamo impazienti di stimolare la creatività dei nostri figli. Tutte le famiglie con bambini traggono vantaggio da una sorta di spazio dedicato alle attività artistiche e artigianali. Potete crearlo in un angolo della cucina, nella cameretta o in un corridoio. Anzi, in qualunque posto il piccino possa utilizzare materiali artistici come le tempere e i pastelli, che ovviamente possono spandersi o sporcare.

È meglio scegliere un'area con il pavimento piastrellato, cosicché sia più facile eliminare le macchie, oppure stendere a terra un grande telo di plastica. È consigliabile procurarsi un cavalletto per la pittura e un tavolo coperto da una tovaglia facilmente lavabile per il disegno, le attività artigianali e i lavori con la creta. Un piccolo ripiano accessibile al bambino può essere utile per riporre i colori, i pennelli, la carta e così via. Vi suggerisco anche di aggiungere uno stendibiancheria, di quelli pieghevoli, su cui il bimbo possa appendere con le mollette i suoi dipinti ad asciugare. Una volta allestita l'area per le attività artistiche e artigianali, mostrate a vostro figlio come usarla adottando ogni volta il medesimo processo passo-passo per iniziare il lavoro e riordinare dopo aver finito.

È importante acquistare i prodotti migliori che vi potete permettere (tempere, pennelli, matite, pastelli a cera, carta e simili), insegnando al bambino a usarli correttamente, ad averne cura e a riporli nel modo più adeguato quando non li utilizza. In base all'età del bimbo, possono comprendere pennarelli lavabili, pastelli, colla, carta, scampoli di tessuto e oggetti domestici riciclati per realizzare i collage. I materiali si possono custodire ordinatamente in contenitori di plastica separati. Potete conservare le tempere già mescolate in scatole di plastica a chiusura ermetica e la plastilina in singoli vasetti richiudibili per mantenere intatti i colori ed evitare che si secchi. Procuratevi un temperino facile da usare e mostrate al bambino come fare la punta alle matite.

L'AMORE PER L'ARTE

Invitate il piccino a esporre le sue creazioni affinché il resto della famiglia possa ammirarle. Anche se il frigorifero è ormai diventato la classica galleria d'arte, potete dare speciale rilievo ai suoi lavori preferiti. Acquistate dei bei sostegni e delle cornici e appendete le opere in altri punti della casa. Quando sono ben incorniciate, le creazioni infantili assumono un aspetto e un'importanza del tutto diversi. Esponete regolarmente opere sempre nuove.

osservate e seguite vostro figlio

Anche se noi genitori avvertiamo spesso l'esigenza di guidare i nostri bambini, il metodo Montessori ci esorta, invece, a seguirli.

Diario
Prendere nota delle attività preferite di vostro figlio vi permetterà di seguire lo sviluppo delle sue capacità e l'avvicendarsi dei suoi interessi.

Quanto tempo dedicate a osservare il vostro bimbo? Per osservare, non intendo guardare distrattamente mentre siete impegnati in qualcos'altro, bensì concentrare tutta la vostra attenzione sul piccino per un periodo prolungato. Per cominciare ad applicare i principi montessoriani all'interno della vostra famiglia, non esiste modo migliore che rilassarsi e osservare che cosa il bambino guarda, dice e fa. Se solo ci prendiamo il disturbo di dare loro l'attenzione necessaria, i bimbi hanno tantissimo da insegnarci riguardo alle loro esigenze e ai loro interessi.

Come osservare

Forse troverete utile tenere un diario in cui prendere appunti e scrivere i vostri commenti. Riservate regolarmente un po' di tempo all'osservazione di vostro figlio. Sedete in un punto da cui poter vedere e sentire senza difficoltà lui e i suoi eventuali compagni di gioco. Di tanto in tanto, annotate ciò che vedete. Gli appunti formeranno un interessante registro del comportamento di vostro figlio alle varie età, oltre ad aiutarvi a notare se un determinato modello comportamentale emerge in un particolare periodo. Cercate di interpretare la condotta del piccino. Quando vi accorgete di un nuovo interesse, domandatevi quali nuove attività introdurre per soddisfare e ampliare quella curiosità.

Cosa osservare

Non scordatelo: con i bambini l'unica certezza è che le loro preferenze, i loro interessi e le loro capacità subiscono cambiamenti imprevedibili di giorno in giorno. Ogni volta che osservate vostro figlio, cercate di dimenticare le esperienze o le percezioni precedenti e concentratevi su quanto accade in quel preciso istante.

Mentre il piccolo gioca, fate attenzione a quali giocattoli predilige. Come li usa? Tende a giocare da solo o con altri bimbi? Vi sono modelli particolari che si sviluppano nel tempo? Osservate come il bambino si muove per la casa. È silenzioso e garbato oppure molto turbolento? Ha una stanza preferita? Che cosa sembra attirarlo in quel locale?

Quando il piccino mangia, prendete nota degli alimenti che preferisce. Riesce a bere senza spandere il liquido e a utilizzare la forchetta, il coltello e il cucchiaio correttamente e con una buona coordinazione mani-occhi? Come si comporta durante i pasti? In quei momenti ama particolarmente parlare della sua giornata?

Durante le osservazioni, pensateci due volte prima di interferire con le attività del piccino. Lo scopo di questo esercizio è imparare da ciò che il bambino fa, non continuare a balzare in piedi e a correggerlo.

Missione speciale
Osservate come il bimbo si sposta per la casa ed esplora. È silenzioso e garbato oppure rumoroso e turbolento?

2

le scoperte attraverso i sensi

Odori semplici
Date al bimbo la possibilità di assaporare i piaceri sensoriali dei fiori.

affinare la ricettività sensoriale

Secondo un vecchio adagio, i bambini imparano quello che vivono. In sostanza, Maria Montessori afferma il medesimo principio.

Abbiamo già visto che i bimbi, fin dalla nascita, interagiscono con l'ambiente circostante tramite i sensi. Maria Montessori riteneva che fosse possibile sfruttare questa caratteristica e incoraggiare i piccini a concentrare maggiormente la loro attenzione sulla dimensione fisica, esplorando lievissime variazioni nelle proprietà di una data serie di oggetti con ciascuno dei cinque sensi (vista, udito, gusto, tatto e olfatto). Possiamo migliorare molto la ricettività dei bimbi se ne alleniamo i sensi richiamando la loro attenzione sugli aspetti della vita quotidiana o con specifiche attività sensoriali.

Come potenziare le capacità cerebrali

Gli esercizi finalizzati ad affinare la ricettività sensoriale sono importanti soprattutto tra 0 e 6 anni, perché questo è il periodo in cui si sviluppa il sistema nervoso. Quando stimoliamo i sensi infantili spingendoli a rilevare e a distinguere le proprietà di diversi oggetti, il sistema nervoso invia dei segnali al cervello e viceversa. Più questo processo è frequente e più si rafforzano le vie nervose cerebrali, perché il cervello riceve una stimolazione indispensabile per il suo corretto funzionamento. Le capacità di apprendimento future (l'assimilazione, l'integrazione e l'applicazione delle conoscenze) dipendono dalla misura in cui il cervello è stato adeguatamente 'predisposto' in tenera età.

Scoperte tattili
Il vantaggio de semplici puzzle di legno è che focalizzano l'attenzione del bimbo sulla forma degli oggetti

come il bebè percepisce il mondo

Durante i primi mesi, il neonato osserva, ascolta, tocca, assaggia e annusa quasi tutto ciò che entra a far parte del suo ambiente.

L'educazione sensoriale di vostro figlio è iniziata quando l'avete stretto tra le braccia per la prima volta dopo la nascita. L'esposizione alle esperienze sensoriali è continuata quando il bimbo ha percepito il confortante profumo della vostra pelle; le immagini, i suoni e gli odori del mondo circostante; il contatto degli indumenti con la sua epidermide delicata; il sapore dei primi alimenti solidi che hanno attraversato le sue labbra.

I piccini sono osservatori attentissimi durante i primi anni di vita. Tutto quel che vedono genera un'impressione, stimolando il cervello e il sistema nervoso e influenzando il loro senso di sicurezza e protezione.

> "L'educazione sensoriale di vostro figlio è iniziata quando l'avete stretto tra le braccia dopo la nascita."

Una vista acuta

Uno dei modi per preparare la nostra casa ad accogliere il bambino è scegliere oggetti capaci di stimolarlo. È utile, tuttavia, sapere qualcosa sullo sviluppo visivo dei bebè.

Alla nascita, e per il primo mese circa, gli occhi del piccino tendono a fissarsi su oggetti distanti una trentina di centimetri. Se guardate con attenzione, probabilmente noterete che vagano qua e là e persino che talvolta si incrociano. Tra le cose su cui si posano, reagiscono soprattutto alla vista dei volti umani, specialmente quelli dei genitori e di altre persone incaricate di accudire il bimbo. Di solito, non registrano i colori e le sfumature tenui e sembrano concentrarsi maggiormente su oggetti caratterizzati da motivi chiari e contrasti netti, in particolare su quelli in bianco e nero.

Un esordio all'insegna dei sensi
L'educazione sensoriale del piccino comincia quando quest'ultimo tocca, sente e annusa sua madre.

Guarda e impara
Nei primi mesi di vita, i bebè si dedicano a un'attenta esplorazione visiva e manuale.

Intorno ai tre mesi i piccini cominciano a guardare più lontano. Osservano con interesse i visi umani, e seguono con lo sguardo gli oggetti in movimento. Ormai sono in grado di riconoscere i volti e gli oggetti familiari a una certa distanza, e iniziano ad allungare le mani verso quello che vedono. Intorno ai sette mesi sviluppano la percezione completa dei colori e una discreta visione a distanza, e seguono senza difficoltà con gli occhi gli oggetti in movimento.

Esistono molti metodi per migliorare la percezione visiva di vostro figlio. Quando gli parlate, guardatelo negli occhi e osservate la sua reazione. Esaminate gli oggetti insieme e commentate quanto vedete. Ruotando lentamente, le giostrine sono oggetti interessanti e sempre diversi. È utile averne due o tre e sostituirle ogni tanto per stimolare l'interesse e l'attenzione.

L'impatto della musica

L'ascolto della musica è un'importante esperienza sensoriale, ed esistono molti modi per educare vostro figlio a questa dimensione. Alcuni genitori cominciano cantando o facendo ascoltare delle registrazioni al feto durante la gravidanza, perché il piccino sente i suoni e i ritmi come li percepiamo noi adulti quando siamo sott'acqua.

Nei primi anni di vita, i bambini assimilano senza dubbio l'ascolto musicale e lo memorizzano con le altre stimolazioni ambientali. Cantate per vostro figlio e parlategli sin dalla nascita. Le melodie e le ninnananne sono importanti, perché si trasformano in ricordi incancellabili della prima infanzia. I suoni e i ritmi dei brani che ascolterete nella cameretta e le parole delle canzoni che il bimbo imparerà crescendo sono le basi per un'educazione musicale.

La musica è legata direttamente anche allo sviluppo delle aree cerebrali associate alla matematica e al riconoscimento degli schemi. In altre parole, la musica non affina soltanto la sensibilità artistica dei piccini, ma contribuisce concretamente anche al loro sviluppo cerebrale.

Dalla mano alla bocca

La bocca del bambino diventa una fonte di piacere ed esplorazione sin dalla prima poppata. Lo svezzamento non è solo il passaggio agli alimenti solidi, perché ogni nuovo cibo genera interesse ed entusiasmo mentre il bimbo esplora sapori e consistenze diversi. Quando sarà un po' più grande, tenderà a portarsi alle labbra tutti gli oggetti che riuscirà a raggiungere.

La giusta via di mezzo

In men che non si dica, vostro figlio comincerà ad afferrare gli oggetti e a studiarne il peso, la consistenza e la temperatura. Userà mani, occhi, orecchi, bocca e naso per esaminare qualunque cosa trovi sulla sua strada. E verso il dodicesimo mese si mostrerà sempre più curioso e capace di osservare e concentrarsi, guardando o analizzando con infinita pazienza ciò che cattura la sua attenzione. È fondamentale evitare la sotto- e la sovrastimolazione. I piccini sono bravissimi a comunicarci il loro stato d'animo. Una stimolazione eccessiva li stressa e li induce ad addormentarsi. Si assopiscono anche quando la stimolazione è insufficiente. L'ideale sarebbe trovare la giusta via di mezzo.

IL **CERVELLO** DEL BAMBINO

Il feto ha un udito molto sviluppato. Anche se quasi tutti i rumori che raggiungono l'utero sono attutiti, la voce della mamma si sente chiaramente. Secondo gli studi, le canzoni e la musica ascoltati regolarmente dopo la venticinquesima settimana di gravidanza vengono riconosciuti dopo la nascita.

Che bontà
A sei mesi, sembra che tutto ciò che il bimbo riesce a raggiungere gli finisca in bocca.

il cestino dei tesori

Intorno a vostro figlio c'è un mondo di oggetti magici in attesa di essere scoperti ed esplorati.

Una volta capace di stare seduto e di tenere in mano gli oggetti, il bambino adorerà esplorare un 'cestino dei tesori', cioè una cesta bassa o una scatola robusta che avrete riempito di interessanti oggetti domestici o naturali. Devono essere tutti abbastanza grandi da non essere ingoiati e privi di bordi taglienti o di qualunque altra cosa possa ferire il piccino che li toccherà e che, molto probabilmente, se li porterà alle labbra. Il cestino dei tesori piace anche ai più grandicelli; continuate a introdurvi nuovi oggetti, nascondendone alcuni in piccole scatole per stuzzicare la curiosità.

Cosa c'è dentro?

Il cestino dei tesori deve creare meraviglia, stupore e un senso di scoperta. Raccogliete tra cinquanta e cento oggetti, ciascuno dei quali con una caratteristica particolare: il peso, la forma, l'odore, il colore, la consistenza. Sceglieteli con fantasia e buonsenso. Potete optare per un cucchiaio di legno, una pigna, una spazzola, una piuma, una campanella d'argento e una pietra levigata. Mentre gli adulti si affidano soprattutto alla vista, i bambini usano tutti i sensi e trovano particolarmente interessanti gli oggetti che hanno un disegno preciso o una precisa consistenza, un determinato odore, una superficie fresca (per esempio, un sasso) o che fanno rumore se mossi. Per i piccini, ogni cosa è una scoperta nuova ed emozionante.

Il cestino dei tesori può tenere impegnati i bimbi per lungo tempo, talvolta addirittura per mezz'ora di fila. Ricordate che è un'attività molto stimolante, quindi è bene proporla quando il bambino è vigile e riposato. Quando i piccini esplorano il cestino per la prima volta, è meglio non dire una parola, limitandosi a scegliere un oggetto, esaminarlo con attenzione e rimetterlo nel contenitore. Può darsi che vostro figlio lo afferri appena lo appoggiate o che preferisca qualcosa di completamente diverso. Consentitegli di procedere come meglio crede. I bambini apprezzano la nostra presenza, ma non sempre gradiscono le interferenze.

Una miniera di tesori
Gli oggetti contenuti nel cestino affascinano i bambini, che torneranno a esplorarli in continuazione.

IN PRATICA Un'indagine sul campo

I bebè amano esplorare oggetti reali molto diversi dai soliti peluche o giocattoli di plastica. Il cestino dei tesori offre un'affascinante gamma di sfumature, consistenze, suoni e odori.

Un'indagine oggettiva
Un oggetto affascinante ha spesso un particolare richiamo e diventa il più caro. Il bimbo ne esaminerà le proprietà, prendendolo più volte, per capire come usarlo.

Il gusto
Sin dalla nascita, la suzione è fonte di grande piacere per vostro figlio, perciò aspettatevi che il bimbo assaggi ogni tesoro del cestino. Purché gli oggetti siano puliti, lisci e sicuri, non c'è bisogno di limitare questa esperienza. Sarà il piccino a decidere cosa ha un buon sapore e cosa no.

Il tatto
Gli oggetti con un chiaro disegno o con una determinata consistenza, per esempio una pigna, sono molto interessanti. Gli oggetti di vetro e i sassi levigati, freddi da toccare, stimolano la curiosità più dei giocattoli di plastica, tutti uguali al tatto.

La vista
I contrasti netti erano importanti nei primi giorni di vita, quando la vista era ancora in via di sviluppo, ma ora il bimbo vede come un adulto. Apprezza i colori, le sfumature e le forme. Un semplice oggetto come un pennello per dolci può suscitare grande interesse.

L'udito
I semi e i fagioli chiusi in bottigliette e vasetti producono suoni affascinanti, proprio come le campanelle o i fogli di carta crepitante. Misurini, fili di perline e catene di metallo fanno rumore sbattendo contro gli altri oggetti e tintinnano quando il bimbo li agita.

L'esplorazione
Dopo che vostro figlio ha esaurito le possibilità dei tesori, vi è ancora un cestino ruvido da esplorare. Il piccino può dedicare venti o trenta minuti all'esame degli oggetti nel contenitore. Lasciate che decida lui quando ne ha abbastanza.

L'olfatto
Il bambino possiede un olfatto acutissimo e apprezzerà la presenza di oggetti profumati posti nel cestino. Provate con un limone o con sacchettini di lavanda. Oppure mettete caramelle, stecche di vaniglia e chicchi di caffè in uno spargisale.

QUALCHE SUGGERIMENTO PER I TESORI

Acquistate oggetti nuovi e lavateli prima dell'uso.

metallici: tappo con catenella • campanella • misurino • piccola frusta da cucina

naturali: pigna • spugna • nocciolo di avocado • piuma • grosso ciottolo • conchiglia

di legno: cucchiaio • uovo da rammendo • pennello per dolci • molletta da bucato • mattoncino • spazzola da scarpe

di vetro: vasetto delle spezie • saliera • piccolo fermacarte • filo di perline

di tessuto e cuoio: nastri di raso e velluto • gomitolo di lana • piccolo portamonete • sciarpa di seta • pompon • portachiavi

gomma e plastica: pallina di gomma • portasapone • spazzolino • spugna • braccialetti

COSA EVITARE

• piccoli oggetti (rischio di soffocamento)

• oggetti con bordi taglienti

• oggetti con fili o pezzi staccabili

• materiali con coloranti che stingono

le attività sensoriali che favoriscono l'apprendimento

Gli esercizi che affinano la percezione sensoriale aiutano i bambini ad apprezzare di più il mondo per il resto della loro vita.

Continuare a educare i sensi è fondamentale. Non credo si possa potenziarli fisicamente mediante un apposito allenamento, ma ritengo sia possibile aiutare i bimbi a vedere, sentire, toccare, assaggiare e annusare con maggiore interesse. Nell'aula montessoriana, un'intera parte del programma di studi è dedicata all'allenamento della ricettività sensoriale.

Al livello più semplice, gli esercizi invitano gli scolari a individuare coppie di oggetti simili che si distinguono per un unico elemento, per esempio l'altezza, la lunghezza o la larghezza. Altri chiedono loro di trovare coppie identiche in base al peso, al suono, all'odore, al sapore o alla temperatura. A un livello più avanzato, si invitano i piccini a ordinare una serie di oggetti secondo la variazione di un elemento, per esempio la forma, il colore, l'altezza, o la lunghezza. I bambini trovano interessanti questi giochi perché sono abbastanza difficili da costituire sfide significative. Gli esercizi arricchiscono il vocabolario, perché i bimbi apprendono i nomi di ogni cosa, dalle forme geometriche alle piante e agli animali; man mano che i piccini imparano i nomi esatti, gli oggetti assumono un nuovo significato.

Pur essendo più semplici delle attività proposte nelle scuole montessoriane, quelle consigliate in questo capitolo si fondano sui medesimi principi. Molti degli oggetti utilizzati possono essere realizzati in casa o acquistati in negozi specializzati.

> "Ogni esercizio sensoriale è abbastanza difficile da rappresentare una sfida significativa."

Una piccola chitarrista
Strimpellando e pizzicando le corde della chitarra Imogen impara a conoscere i vari suoni che producono.

Un codice di colori
La suddivisione di bottoni a seconda della tinta è una piacevole attività sensoriale che stimola la vista e il tatto.

La macedonia di bottoni
Potete modificare l'esercizio usando bottoni di forme e dimensioni diverse o di materiali differenti, come osso, legno e metallo.

Il colore, la forma e le dimensioni

Molte attività ludiche, che stimolano soprattutto la vista del bambino, lo spingeranno a usare contemporaneamente gli altri sensi.

La selezione degli oggetti (2-5 anni)

La selezione degli oggetti a seconda della forma, del colore, delle dimensioni o di altre proprietà fisiche è un'attività utilissima che induce i bambini a prestare attenzione e a fare delle scelte logiche. Per questo esercizio, dovrete procurarvi vari esemplari di un oggetto interessante in diverse forme, tinte e dimensioni. Evitate gli oggetti piccoli, perché il piccino potrebbe ingoiarli oppure infilarseli nel naso o nelle orecchie. I set di mattoncini di colori e forme diversi vanno benissimo per i più piccoli.

Un ottimo esempio di questa attività, per un bimbo di 3 o 4 anni, è la selezione dei bottoni. Acquistatene alcuni in merceria oppure recuperate varie serie di quattro o più esemplari identici dalla vostra scatola del cucito, se l'avete. Mescolateli in una ciotola capiente, quindi insegnate a vostro figlio a prenderne uno, metterlo in un recipiente più piccolo e quindi trovare tutti gli altri bottoni uguali.

I cubi da impilare (18 mesi – 3 anni)

Un'ottima attività sensoriale visiva da proporre ai bambini prevede l'uso di alcuni cubi di legno di grandezze progressive. Procuratevi cubi o tazze che entrino uno dentro l'altro e che formino una torre bella da costruire e divertente da rimettere via. Giocando, i bimbi imparano concetti come 'più grande' e 'più piccolo'. Nelle scuole montessoriane, gli allievi di circa tre anni imparano a usare dieci cubi di dimensioni ben precise per costruire una torre rosa.

PASSO DOPO PASSO Le torri di cubi rosa

I cubi sono tutti dello stesso colore, perciò il bimbo si concentra soltanto sulle dimensioni. I dieci pezzi sono uno più grande dell'altro esattamente di un centimetro cubo, il che facilita l'individuazione di quello giusto.

Uno
Lavorando su un tappetino, Lauren cerca il cubo più grande e lo mette in posizione con entrambe le mani.

Due
La torre ha un controllo incorporato dell'errore. Se i cubi sporgono o vacillano, c'è qualcosa che non va.

Tre
Lauren posiziona con una mano i cubi più piccoli, facendosi così un'idea delle loro dimensioni.

Quattro
Le lisce superfici dipinte rendono i cubi facili da impilare. La torre inizia a crescere.

Cinque
Le cose si fanno più difficili. Lauren bada a non far cadere la torre mentre colloca gli ultimi cubi.

Sei
Infine posa il cubo più piccolo (1 cm^3) sulla sommità.
Ora la torre è completa.

Il puzzle di legno
Scegliete puzzle con sagome semplici e con pezzi dotati di pomelli e, all'inizio, porgeteli al bambino uno alla volta.

Le forme geometriche da impilare (2-4 anni)

Esistono molte varianti di questo giocattolo, ma quasi tutte presentano una serie di sagome perforate e più insiemi di pezzi. Una volta tolti i pezzi, il bambino deve trovare le forme simili, per esempio cerchi, quadrati e ottagoni. Poi deve scegliere l'elemento più grande di ciascun gruppo e collocarlo in fondo alla sagoma, continuando fino all'esaurimento dei pezzi. Il bimbo dovrebbe rendersi conto da solo di eventuali errori, perché un pezzo grande collocato sopra uno più piccolo sporge e ha qualcosa che non va.

I puzzle semplici (2-5 anni)

I puzzle semplici sono un giocattolo tradizionale per i bambini piccoli. Preferite sempre quelli di legno, decorati con immagini affascinanti, scartando quelli di cartone e quelli privi di un apposito spazio per ciascun pezzo. Se vostro figlio ha meno di tre anni, scegliete puzzle con un grosso pomello su ogni elemento. Resistete alla tentazione di aiutarlo.

Le coppie di colori (3-5 anni)

Le scuole montessoriane usano apposite tavolette di legno variopinte per aiutare i bimbi a distinguere tra colori primari e secondari, insegnando loro anche le parole corrette per descrivere ogni tinta e ogni sfumatura. Potete riprodurre questa attività a casa vostra procurandovi delle schede colore nel negozio di fai da te più vicino.

Create tre serie distinte di schede, ciascuna delle stesse dimensioni ma di tinta diversa. Per i più piccini, iniziate con sei schede, due gialle, due rosse e due blu. Invitate il bambino ad abbinare le coppie e a pronunciare i nomi di questi colori primari.

Quando avrà superato la prova, preparate una seconda serie di undici coppie di colori primari e secondari: giallo, rosso, blu, verde, arancione, viola, rosa, marrone, grigio, bianco e nero. Esortate il piccino ad abbinarli e a dirne i nomi. Per un esercizio più difficile, usate una terza serie con sette sfumature di nove colori diversi (giallo, rosso, blu, verde, arancione, viola, rosa, marrone, grigio) invitando il bimbo a ordinarle dal tono più chiaro al più scuro. Le schede così disposte offrono un bello spettacolo variopinto.

Esistono molti modi per rendere più stimolante questo esercizio. Per esempio, potete chiedere a vostro figlio di trovare la scheda del colore più simile a quello di un qualsiasi oggetto nella stanza. Oppure potete mostragli un colore appartenente a una terza serie e domandargli di indicare, con l'aiuto della sola memoria, la sfumatura appena più chiara o appena più scura. Una terza possibilità, adatta ai più grandicelli, è insegnare loro a ottenere tonalità più chiare o più scure aggiungendo un po' di vernice bianca o nera a una tinta esistente. Iniziando dal colore puro, versandovi qualche goccia di bianco e mescolando, potranno creare una serie di macchie ordinate dalla più chiara alla più scura, analoghe ai riquadri sulle schede. Ripetete con il nero.

Il gioco delle coppie (3-5 anni)

Questo gioco aiuta i bambini a potenziare la memoria visiva e le capacità di riconoscimento degli schemi. Potete acquistarne diverse versioni in quasi tutti i negozi di giocattoli, oppure potete decidere di realizzarlo con le vostre mani. In quest'ultimo caso, ricavate sedici pezzi di cartoncino sottile delle dimensioni di comuni carte da gioco. Disegnate o ritagliate due copie identiche di otto diverse forme geometriche. Potete usare anche le fotografie di alcuni animali. Incollate una forma o una figura su ciascuna carta. Otterrete così sedici carte della stessa grandezza, composte di otto coppie di forme o immagini differenti.

Per giocare, mescolate le carte e appoggiatele a faccia in giù, disponendole in un quadrato formato da quattro file di quattro elementi ciascuna. Il primo giocatore gira due carte, una alla volta. Se sono uguali, se le tiene. Altrimenti, le capovolge di nuovo. I giocatori cercano di ricordare la posizione di ogni carta, aumentando le probabilità di individuare una coppia al turno successivo. La partita continua fino all'esaurimento delle carte.

Quando vostro figlio sarà più abile in questo gioco, potrete preparare nuovi mazzi con altre forme o immagini e aumentare la difficoltà dell'esercizio aggiungendo altre coppie e sparpagliando le carte anziché disporle in fila.

L'abbinamento delle coppie
Ricordando dove sono le carte identiche il bimbo allena la memoria e la concentrazione.

Una cascata di fagioli
I fagioli di Lima producono un suono piacevole cadendo dal mestolo nell'insalatiera.

L'udito

Man mano che il bimbo cresce e che il suo udito si sviluppa, impara a distinguere suoni diversi e anche a indicarne la provenienza.

I fagioli secchi (18 mesi – 4 anni)

Procuratevi una capiente insalatiera di vetro o ceramica pesante e riempitela a metà di fagioli secchi. Scegliete una varietà con semi abbastanza grossi, che non possano entrare nel naso o nelle orecchie del piccino, e che emettano un suono piacevole quando cadono nel recipiente. Date al bambino un piccolo mestolo e insegnategli a raccogliere un po' di fagioli e quindi a versarli di nuovo nella ciotola. Consentite ai più piccini di infilare le mani nell'insalatiera e agitarle per produrre rumori interessanti. Se qualche fagiolo cade fuori del recipiente, mostrategli come raccoglierlo e rimetterlo dentro, sottolineando l'importanza di quest'ultima operazione. All'inizio non meravigliatevi se i legumi si spargono ovunque, e spiegate al bimbo come recuperarli usando un linguaggio paziente e gentile.

Le coppie di campanelle (3-5 anni)

Per questa attività dovrete procurarvi otto o più coppie di campanelle, ciascun paio con il medesimo suono. Poiché gli oggetti possono avere un aspetto diverso, vostro figlio dovrà dedicarsi a questo esercizio con gli occhi chiusi o bendati. Probabilmente troverete due tipi di campanelle: quelle dotate di manico e quelle che di solito vengono cucite o applicate a qualcosa, per esempio agli indumenti o ai finimenti per cavalli. Quelle della seconda categoria sono meno indicate per i più piccoli, perché le loro mani ne attenuano il tintinnio quando le raccolgono. Potete rimediare legando un nastro alla campanella. Vostro figlio la afferrerà per il nastro con una mano e la scuoterà oppure la colpirà con l'altra mano per farla tintinnare.

Dopo averne suonata una il bambino la mette da parte. Poi ne suona un'altra per vedere se è uguale, magari provando di nuovo la prima per rinfrescarsi la memoria. Se il suono è diverso la accantona, ne sceglie un'altra e ne ascolta le note. Quando trova quella giusta le mette da parte entrambe. Quindi ne sceglie un'altra e ripete il processo fino a completare tutti gli abbinamenti.

Che scampanellio!
Con gli occhi chiusi, questa bambina si concentra totalmente sul suono delle campanelle per provare ad abbinarle.

I cilindri sonori (3-6 anni)

Un altro esercizio che potenzia la capacità infantile di distinguere i vari suoni prevede l'uso di alcuni cilindri sonori. Potete prepararne una serie utilizzando qualsiasi contenitore di legno, vetro o plastica che trovate in casa. I recipienti devono essere opachi affinché non si veda che cosa nascondono, e devono produrre un suono distinto quando vengono riempiti con vari materiali e agitati. Potete riciclare i vasetti di vetro, per esempio quelli degli omogeneizzati, se ne dipingete l'interno o se li foderate con carta colorata per rendere le pareti opache.

Sei contenitori devono essere di un colore e sei di un altro. Riempite le coppie di recipienti (uno di ciascun colore) con qualcosa che emetta un suono interessante quando viene scosso o agitato (riso, sabbia, fagioli e piselli secchi). Il bambino tenta poi di abbinare ciascun cilindro verde al cilindro rosa con il medesimo rumore. Nelle scuole montessoriane, ogni serie di sei cilindri dello stesso colore viene conservata in una scatola con un coperchio della medesima tinta.

"A poco a poco, i bimbi imparano a rilassarsi e ad ascoltare e apprezzare il silenzio."

Il gioco del silenzio (2-6 anni)

Nel mondo moderno pare che il silenzio sia quasi sconosciuto. Aiutando i vostri bimbi a scoprirne la bellezza, farete loro un grande regalo. Quando tacciamo, riusciamo a sentire i nostri pensieri e acquisiamo anche una maggiore consapevolezza dell'ambiente circostante.

Il gioco del silenzio favorisce l'autodisciplina e consente ai piccini di accorgersi dei suoni che quasi tutti danno per scontati. Per questa attività, richiamate l'attenzione dei bambini suonando una campanella oppure facendo un segnale familiare con la mano per dare il via a una partita di 'silenzio'. I bimbi devono interrompere qualunque cosa stiano facendo, sedersi, chiudere gli occhi e cercare di restare perfettamente immobili finché vi udiranno sussurrare il loro nome. A quel punto, ognuno dovrà alzarsi piano e avvicinarsi a voi. Potete variare questa attività e insegnare a vostro figlio a muoversi con attenzione e rapidità chiedendogli di portare delle campanelle da una parte all'altra della stanza senza farle tintinnare.

I suoni identici
Verificate se vostro figlio è in grado di abbinare i suoni prodotti da vari oggetti chiusi in coppie di contenitori.

All'inizio può darsi che i più piccini non riescano a stare fermi per più di trenta secondi, ma a poco a poco impareranno a rilassarsi, ad ascoltare e ad apprezzare il silenzio. Se i vostri bimbi si dimostrano entusiasti di questo gioco, trasformatelo in un rituale quotidiano. Un'altra variante è la visualizzazione guidata, un processo in cui i bambini chiudono gli occhi e vi ascoltano mentre descrivete loro una scena da immaginare: "Ora camminiamo verso il ruscello. Immergiamo un piede nell'acqua. Caspita, com'è fredda!".

L'ascolto musicale (18 mesi – 6 anni)

Quando il bambino sarà un po' più grande, potrete proporgli giochi musicali di ogni tipo. Potete cantare o canticchiare ad alta voce, incoraggiandolo a imitarvi. Potete battere le mani seguendo un ritmo e improvvisare un ballo di vostra invenzione, ancheggiando, piroettando lentamente o variando i passi a seconda del brano.

Cominciate insegnando al bambino a riconoscere gli strumenti utilizzati in un particolare pezzo e anche il titolo ("Mamma, c'è il Lago dei cigni alla radio!") o addirittura il compositore dell'opera. Assicuratevi che il piccino abbia accesso a molti strumenti (maracas, xilofono, tamburo, chitarra) e invitatelo a cantare i suoi motivetti preferiti.

Ricordate che, in questi anni, il bambino è nel periodo sensitivo della musica e ha un interesse spontaneo per il tono, il ritmo e la melodia. I genitori con attitudini artistiche, e che fanno ascoltare ai figli musica dal vivo nell'ambiente domestico, trasmettono spesso le loro doti anche ai bambini. Tra i segni di un talento precoce figurano la capacità di ricordarsi le melodie e di canticchiare o di cantare a tempo e l'inclinazione a muoversi, parlare e tamburellare ritmicamente con le dita.

L'importanza della musica
Incoraggiate il bambino ad ascoltare musica di ogni tipo e a ballare, cantare e battere le mani.

IL **CERVELLO** DEL BAMBINO

Gli studi dimostrano quanto sia importante esporre i bambini molto piccoli a vari toni e note. I piccini iniziano a cogliere le differenze musicali come imparano a distinguere la propria lingua da quelle straniere.

Il tatto

Esistono molti modi per allenare il tatto dei bambini. Quando i nostri figli erano piccolissimi, abbiamo cominciato con il cestino dei tesori (*vedi* pp. 58-61), ma i bimbi in età prescolare possono cimentarsi con attività più impegnative per affinare questo senso.

Le coppie di consistenza (3-5 anni)

Questo gioco è perfetto per potenziare il tatto di vostro figlio. Di solito, prevede l'uso di alcune tavolette o quadratini di legno con una faccia dalla consistenza particolare, creata incollandovi semi, sabbia, velcro, pezzetti di tessuto o altre sostanze. Vi occorreranno due quadrati uguali per ciascuna consistenza, in modo da ottenere coppie che diano le medesime sensazioni tattili. Quando il lato ruvido è rivolto verso il basso, i quadrati devono sembrare tutti uguali. Dopo aver chiesto al piccino di chiudere gli occhi o averlo bendato, invitatelo a 'vedere' con i polpastrelli e a trovare gli abbinamenti. Una volta capovolti, i lati ruvidi di ciascuna coppia sono identici, offrendo una soluzione visiva per verificare l'esattezza delle risposte.

Le coppie di tessuti (3-5 anni)

Una variante della proposta precedente prevede l'impiego di un cestino riempito con scampoli di diversi tessuti: seta, lana, cotone, tweed e così via. Preparate coppie di ciascuna stoffa. Dopo aver chiesto al bambino di chiudere gli occhi o averlo bendato, esortatelo a individuare gli scampoli uguali e a metterli da parte sul tavolo. Quando aprirà gli occhi, potrà controllare il risultato osservando i pezzi di tessuto.

Le tavolette di carta vetrata (3-5 anni)

Procuratevi sei coppie di tavolette di legno, ciascuna coperta con carta vetrata di gradazione diversa. Con gli occhi chiusi o coperti da una benda, il bambino dovrà individuare le coppie con la medesima ruvidezza, affidandosi soltanto al tatto. Dopo aver finito, potrà controllare il suo lavoro capovolgendole. Le coppie di tavolette avranno lo stesso aspetto.

I coordinati più alla moda
Riempite un cestino con coppie di vari tessuti e chiedete a vostro figlio di abbinarli a occhi chiusi, usando soltanto il tatto.

Il sacco dei misteri (3-6 anni)

Il sacco dei misteri è da sempre una delle attività preferite dei bimbi. Di solito, basta un semplice sacco di tela o una scatola con un foro in cui il piccino possa infilare le dita per toccare e manipolare oggetti che non riesce a vedere. Per giocare, procuratevi una serie di piccoli oggetti che il bambino sappia riconoscere e di cui conosca il nome. Dopo avergli chiesto di chiudere gli occhi, mettete un oggetto nel sacco e invitatelo a identificarlo solo mediante il tatto. Se indovina, scambiatevi i ruoli. Potete adattare il gioco per i più grandicelli rendendolo più difficile e scegliendo, per esempio, monete, conchiglie e forme geometriche di vario tipo.

L'olfatto

I bambini hanno un senso dell'olfatto molto più sensibile di gran parte degli adulti. Ecco qui due esercizi per aiutare vostro figlio ad affinare le sue percezioni e a riconoscere e nominare vari odori.

Le boccette degli odori (3-5 anni)

Procuratevi dodici piccoli contenitori identici di vetro o plastica, muniti di coperchio. I vasetti cilindrici delle spezie con i coperchi a vite sono l'ideale, ma potete anche usare i recipienti degli omogeneizzati. Divideteli in due serie uguali, coprendone sei con una carta blu e sei con una carta verde.

PASSO DOPO PASSO Il sacco dei misteri

Questo gioco si basa esclusivamente sul tatto, ma è ottimo anche per arricchire il vocabolario. I bimbi possono descrivere le forme e le consistenze usando parole come duro, liscio, rotondo e ruvido.

Uno
Scegliete oggetti che abbiano forme, dimensioni e consistenze particolari e con cui vostro figlio abbia familiarità.

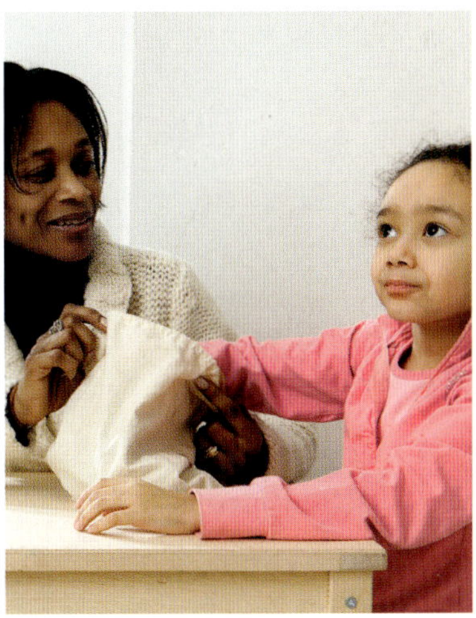

Due
Georgia distoglie lo sguardo mentre infila la mano nel sacco e tocca l'oggetto misterioso. Lo esplora con le dita per alcuni istanti.

Tre
"È lungo e sottile e ha le setole a un'estremità. È un pennello per dolci". Dice che cosa crede che sia prima di estrarlo.

Infilate in un vasetto blu e in uno verde un batuffolo di cotone su cui avrete versato una o due gocce dello stesso aroma, utilizzandone uno diverso per ciascuna delle sei coppie. Potete ricorrere a essenze aromatiche liquide come vaniglia, mandorla, limone, menta piperita, o a profumi. Per alcuni contenitori, potete fare a meno dell'ovatta e usare qualcosa di solido che abbia un odore intenso e gradevole, per esempio pot-pourri, spezie come la cannella o i chiodi di garofano, cioccolato, una fragola oppure scorzette di limone e arancia. In questo caso, dovete fare in modo che il bimbo non veda il contenuto del vasetto. Ricordate che dopo un po' le sostanze evaporeranno e perderanno il loro aroma, perciò dovrete sostituirle di quando in quando. Il piccino sceglie un recipiente blu, apre il coperchio e annusa. Poi individua il recipiente verde corrispondente. Li mette da parte e ripete il processo con i vasetti restanti.

> "I bambini hanno un senso dell'olfatto molto più sensibile di gran parte degli adulti."

I profumi delle erbe (3-5 anni)

Se avete un orto, o anche solo qualche piccolo vaso di erbe aromatiche sulla finestra della cucina, potete offriredelle ricche esperienze sensoriali con erbe quali il timo, il basilico, la lavanda e il rosmarino. L'operazione sarà ancora più appagante se li avrà coltivati con le sue mani (*vedi* p. 151). Insegnategli a usare un piccolo mortaio per schiacciare le erbe e adoperarle in cucina, oppure essiccatele e preparate insieme ciotole di pot-pourri o sacchettini da mettere nei cassetti.

Il gusto

La nostra lingua riesce a percepire quattro sapori fondamentali: dolce, acido, salato e amaro. Il metodo più

Le boccette degli odori
Confrontando e abbinando le sostanze aromatiche contenute nelle bottigliette, il bambino affina il suo senso dell'olfatto.

semplice per introdurre il concetto del gusto è parlare di diversi alimenti: "Mmmm, questa mela è così dolce!" oppure "Mi sembra che questi pop-corn siano molto salati. Cosa ne dici?". Alcuni bimbi sono molto riluttanti a mangiare cibi dal sapore forte o insolito. Può darsi che vostro figlio sia più disponibile ad assaggiare nuovi alimenti man mano che esplora nuovi odori e sapori mediante le esperienze sensoriali. Per cominciare, introducete pian piano ciascun sapore ricorrendo a cibi diversi. Per esempio, fate in modo che il piccino familiarizzi con l'amaro offrendogli un pezzettino di rafano o un po' di prezzemolo. "Alcuni alimenti sono amari. Vuoi assaggiare il mio…?".

Un'altra attività consiste nell'incoraggiare il bimbo a concentrarsi sul sapore di alcuni cibi. "Senti come sanno di zenzero questi biscotti!". Invitatelo anche a chiudere gli occhi, assaggiare qualcosa e indovinare che cos'è: "Sa di limone, mamma!". Potete infine creare bottigliette per assaggi (*vedi* riquadro qui sotto).

I sapori della frutta
Per il bambino mangiare una macedonia fresca è un'esperienza multisensoriale ricca di colori, profumi, sapori e persino suoni.

LE BOTTIGLIETTE DEGLI ASSAGGI (DA 3 A 5 ANNI)

Procuratevi sei bottigliette con il contagocce di gomma, quindi dipingete i coperchi delle prime tre di blu e quelli delle altre tre di rosso. Riempitene una di ciascun gruppo con un liquido che rappresenti uno dei sapori fondamentali. Per esempio, acqua zuccherata (dolce), succo di limone (acido) e acqua salata (salato).

Il bambino dovrà lavarsi le mani, allineare le due serie di contenitori, quindi svitare con prudenza il coperchio di una bottiglietta e versarsi una goccia di liquido sul dorso della sinistra. Invitatelo a leccarla lentamente per percepirne il sapore. Chiedetegli poi di scegliere un recipiente della seconda serie, svitarne il coperchio e versarsi una goccia di liquido su un polpastrello della destra. Hanno lo stesso sapore? No? Mettete da parte la seconda bottiglietta e continuate così finché non trova quella corrispondente, poi eliminate la coppia.

Il piccino dovrà lavarsi le mani prima di passare alle boccette rimaste e ripetere la procedura. Il gioco prosegue fino a quando il bambino avrà ricostituito tutte le coppie.

3

lascia fare a me

aiutami a farlo da solo

L'indipendenza è l'impulso più forte dei bambini. Mentre si impegnano per conquistarla si divertono a esercitare e affinare molte capacità.

Sin dalla più tenera età, i bimbi vogliono praticare le attività che li renderanno indipendenti. Insegnando loro a fare le cose da soli (per esempio, vestirsi, lavarsi i denti, versarsi le bevande e prepararsi uno spuntino), li metterete sulla strada dell'autonomia.

A seconda dell'età, i bambini possono rendersi molto utili in casa. Sanno ripulire la cameretta, tagliare le verdure, riordinare, spolverare e, in genere, darci una mano in cucina. Sono in grado di apparecchiare, portare le pietanze in tavola, disporre fiori e altre decorazioni. Possono anche assimilare le buone maniere, accogliere gli ospiti sulla porta ed essere dei bravi padroni di casa per gli amichetti, gli ospiti e i parenti che vengono a trovarci. Se guidati con gentilezza, imparano ben presto a lavorare senza creare confusione, a rimettere in ordine e a parte-

Muoversi
La mobilità porta con sé il primo assaggio di indipendenza, consentendo ai bimbi di raggiungere più in alto, muoversi più velocemente ed esplorare senza aiuto.

cipare alle faccende domestiche, e amano esercitare queste capacità.

Il senso dell'io

I bambini che si sentono rispettati e competenti godono di un benessere emotivo maggiore di quelli che vengono solo coccolati. Le attività proposte in questo capitolo sono studiate per insegnare a vostro figlio specifiche capacità di vita quotidiana che lo aiuteranno a diventare sempre più autonomo e sicuro di sé. Lo scopo non è soltanto l'apprendimento della facoltà in questione, ma anche lo sviluppo di un senso di calma, concentrazione, collaborazione, autodisciplina e fiducia in sé. Molte attività hanno anche un obiettivo sociale, perché sono finalizzate a insegnare l'autocoscienza, la sensibilità verso gli altri e la solidarietà nei confronti della comunità. I genitori devono dare il buon esempio e fungere da modello comportamentale per le capacità di vita quotidiana. Dobbiamo essere equilibrati, determinati, precisi, affettuosi e generosi.

Per Maria Montessori, "l'essenza dell'indipendenza è poter fare qualcosa per il proprio io. Questa esperienza non è soltanto un gioco. È un lavoro che i bambini devono svolgere per crescere".

Lezioni di vita

È possibile suddividere in tre aree le lezioni che vostro figlio impara:

- cura di sé stesso
- compiti quotidiani nell'ambito domestico
- garbo e cortesia (*vedi* pp. 132-135).

Molte di queste lezioni richiedono la padronanza di capacità motorie fini come allacciare un bottone, versare un liquido da una caraffa o spostare gli oggetti senza farli cadere o senza incespicare. Si tratta di insegnamenti che quasi tutti i genitori cercano di impartire ai loro figli quando sono molto piccoli. Mi auguro che questo capitolo vi suggerisca qualche strategia per fare in modo che vada tutto liscio. Potete adottarle a qualsiasi età, appena ritenete che il bimbo sia pronto. Il metodo più efficace per capire quando è arrivato il momento giusto è prestare attenzione a ciò che il piccino dice, non solo con le parole, ma anche con le azioni. Per esempio, a un certo punto, cercherà di tenere in mano una tazza. Quella è l'occasione migliore per iniziare a insegnargli a bere da solo.

La conquista dell'autonomia
Prestate attenzione ai segnali che indicano che vostro figlio è pronto a fare da solo e permettetegli di padroneggiare nuove competenze abilità.

i bambini amano lavorare e giocare

I piccini vogliono fare parte del vostro mondo e, se gliene darete l'opportunità, troveranno il lavoro divertente quanto il gioco.

Il metodo più efficace per incoraggiare vostro figlio a mettere alla prova una nuova capacità è mostrargli come procedere con lentezza e meticolosità, in un modo semplice e adatto al suo livello di comprensione. Quindi concedetegli il tempo di esercitarsi, di commettere degli errori e di correggerli. Stabilendo dei limiti chiari e offrendogli un sostegno premuroso, gli insegnerete a fare le cose da solo e gli infonderete la fiducia e il rispetto di sé che accompagnano l'autonomia.

Provate ad accovacciarvi e a guardare il mondo dalla sua prospettiva. Il bimbo affina le sue capacità in una terra di giganti dove ogni cosa è fuori portata o troppo grande per essere tenuta in mano.

> "Occorre insegnare ai bimbi le nuove capacità in un modo semplice e adatto al loro livello di comprensione."

Questione di dimensioni

Innanzi tutto, occorre procurarsi arnesi e utensili delle dimensioni giuste per il vostro bimbo. Quasi tutte le operazioni che i piccini possono svolgere diventano molto più semplici con attrezzi adeguati alla loro età. È facile trovare spazzolini da denti per bambini, ma esistono anche tazze, piatti, forchette, cucchiai, annaffiatoi, scope, spazzoloni e persino tubetti di dentifricio.

Vero è meglio

Perché comprare a vostro figlio una cucina giocattolo quando quello che desidera è aiutarvi in una cucina vera? Non intendo dire che dovete permettere a un bambino di tre anni di usare il forno o il trinciapollo, ma vi sono molte operazioni innocue che il piccino può effettuare se solo vi prendete il disturbo di insegnargliele. Per esempio, può apparecchiare, lavare le verdure o mescolare gli alimenti freddi. Non

Duro lavoro
Svolgere compiti utili in giardino, usando attrezzi delle dimensioni adatte, è appagante e divertente.

A tavola
Acquistate stoviglie a misura di bambino. I profili di ciascun oggetto insegnano al piccino come apparecchiare e dove posizionare il piatto e la tazza.

sempre i bimbi vogliono fare quello che facciamo noi, e non vi sto consigliando di costringere un bambino a lavare i piatti quando, invece, desidera giocare. Ma se vostro figlio chiede di aiutarvi o si mostra disponibile, siate pronti a spiegargli cosa fare. E se vi sarete procurati un piccolo piano di lavoro e qualche semplice utensile da cucina a misura di bambino, è molto più probabile che abbia voglia di collaborare e che vi offra spesso il suo aiuto.

Passo dopo passo

Molte delle nostre azioni quotidiane richiedono varie capacità, che abbiamo appreso strada facendo. Suddividendo i compiti in piccole fasi, aiuterete il bambino a superare un grado di difficoltà alla volta. Adottate questo sistema quando volete insegnargli ad appaiare i calzini o a mettere i fiori in un vaso. Riflettete su ogni fase e su come semplificarla. Illustratela con poche frasi mentre la dimostrate, cosicché il bimbo non si concentri tanto sulle vostre parole quanto sulle vostre azioni. Quindi permettetegli di esercitarsi fino a padroneggiare ogni singola operazione.

Imparare ad andare in bicicletta è un ottimo esempio di questo approccio graduale. Quando i nostri figli sono pronti, spesso regaliamo loro un triciclo e insegniamo loro a salire e scendere, a curvare e muovere i pedali. Per quanto i tricicli siano sicuri, di solito sono privi di freni, quindi stiamo attenti a dove i bimbi li usano. Il passo successivo potrebbe essere una *balance bike*, ossia una bici senza pedali. Mentre si spingono, i bimbi sollevano i piedi da terra, sviluppando così l'equilibrio. Poi si passa a una bici vera, eventualmente con le rotelle per aiutarlo a tenerla dritta e ad abituarsi ai pedali, al manubrio e ai freni. Pian piano, i piccini acquisiscono una sicurezza sempre maggiore, finché ci chiedono di rimuovere le rotelle. In un batter d'occhio, cominciano a sfrecciare qua e là, e dobbiamo costantemente raccomandare loro di indossare il casco.

Passo dopo passo, il processo di acquisizione di una capacità di vita quotidiana viene semplificato sia da un'accurata pianificazione sia dalla pazienza e dall'incoraggiamento dei genitori. Le lezioni di questo genere si susseguono via via che il bambino cresce. L'apprendimento della guida è un buon esempio di una capacità di vita quotidiana che l'adolescente sviluppa quando è quasi adulto. Altri esempi sono l'appianamento dei conflitti con gli amici, la gestione dei risparmi e l'organizzazione di una festicciola.

Una volta che abbiamo insegnato ai nostri bambini una nuova competenza, uno dei compiti più difficili è forse permettere loro di esercitarla nella vita di tutti i giorni senza interferenze da parte nostra. Anche se non ci sogneremmo mai di consigliare a un ragazzino che ha già imparato ad andare in bicicletta di utilizzare ancora le rotelle, quante volte ci ritroviamo a imbacuccare i nostri figli in cappotti e scarpe molto tempo dopo che hanno imparato a indossarli da soli?

A tutta birra
Quando insegniamo a un bambino ad andare in bicicletta, scegliamo la giusta bici per ogni fase, e forniamo le istruzioni giuste.

Il senso dell'ordine

Quando insegniamo ai piccini le capacità di vita quotidiana, l'ordine è fondamentale. In questo importantissimo periodo sensitivo (*vedi* p. 16), il loro mondo deve essere ben organizzato. Se i bimbi imparano dove vanno gli oggetti e come rimetterli a posto dopo aver finito di usarli, interiorizzano il senso dell'ordine e lo portano con sé per tutta la vita.

Quasi tutti noi ci sentiamo travolti dal caos in cui la nostra casa scivola rapidamente se disseminiamo roba dappertutto. I bambini sono particolarmente sensibili a questo. Pur essendo spesso dei maestri nel mettere tutto a soqquadro, hanno quasi sempre difficoltà a riordinare. Il metodo più efficace è insegnare loro a ripulire poco per volta. Sebbene alcuni nascano con il 'gene dell'ordine', tutti possono imparare sin dall'inizio a lavorare e giocare in modo ordinato senza per questo soffocare la propria creatività e senza divertirsi di meno.

Ogni cosa al suo posto
Insegnate al bambino a prendere un libro alla volta dal ripiano, a girare delicatamente le pagine senza strapparle e a metterlo via quando ha finito.

Il segreto è stabilire una regola di base e spiegare al bambino con dolcezza ma con fermezza che, pur potendo scegliere uno qualsiasi dei giocattoli sulle sue mensole e pur potendo usarlo finché lo desidera, dovrà rimetterlo al suo posto dopo aver finito e non potrà prendere nessun giocattolo nuovo fino ad allora.

Alcuni giocattoli sono più interessanti quando vengono utilizzati insieme ad altri giocattoli (i mattoncini per costruzioni e le macchinine, per esempio). In questo caso, basterà riunirli in una sola unità. I bimbi imparano con facilità le regole di base, per esempio l'idea che le macchinine e le costruzioni sono associate e che è divertente giocare con entrambe allo stesso tempo. L'importante è che ricordino di riporle tutte sul ripiano prima di passare all'attività successiva.

Le etichette fotografiche

Applicate delle fotografie ai contenitori dei giocattoli per aiutare vostro figlio a riporre correttamente gli oggetti. Potete anche collocare una foto su ogni mensola per mostrargli come dovrà apparire il ripiano dopo che tutti i relativi giochi, libri, giocattoli e simili saranno tornati al loro posto. Ciò gli permetterà di usare le foto come strumento di controllo dell'errore (*vedi* p. 86-87) ogni volta che rimetterà i materiali sulle mensole dopo aver finito di giocare o lavorare oppure dopo averli esaminati alla ricerca di eventuali danni.

Il metodo di stoccaggio più pratico

Ricorderete che sono contrario all'uso delle scatole (*vedi* p. 39). Montate delle mensole basse per conservare i giochi, i libri e i giocattoli di vostro figlio nella cameretta e nelle altre stanze della casa in cui la famiglia trascorre la maggior parte del tempo. Trovate il modo di riporre i giocattoli formati da tante parti in modo che queste ultime non finiscano dappertutto. Di solito è bene usare un recipiente abbastanza grande da contenere tutti i pezzi e abbastanza robusto da non logorarsi o sfasciarsi con il passare del tempo. A seconda del tipo di giocattolo, un pesante contenitore di plastica, una cesta robusta, una solida scatola di legno o magari un grosso barattolo o una ciotola capiente possono essere delle ottime soluzioni.

Aree di gioco/lavoro ben definite

Probabilmente non volete che vostro figlio si eserciti nella pittura con le dita sul tappeto del salotto, e di sicuro non volete neppure che dipinga le pareti. Riflettete su ogni giocattolo e su ogni attività che intendete consentirgli di praticare, scegliendo luoghi in cui possa giocare o lavorare senza creare un caos cui poi faticherebbe a porre rimedio. Alcune attività vanno riservate alla cucina o a una stanza con il pavimento piastrellato, che consente di pulire con facilità il cibo o le tempere rovesciate. Alcune potranno essere svolte in salotto, ma non dove le persone sarebbero costrette a scavalcare i materiali per entrare e uscire. Altre ancora, per esempio i lavori di carpenteria e i giochi con la palla, vanno limitate agli spazi aperti e trasferite in giardino.

Programmate tutto con attenzione, quindi insegnate al piccino a fare le cose nel modo giusto anziché punirlo o rimproverarlo per i suoi errori. Se lo sorprendete a usare un giocattolo nel posto sbagliato, mandatelo nella stanza appropriata. Se ha creato un certo disordine, è ragionevole pretendere che ripulisca o almeno che vi aiuti. Di solito, quest'idea non piace molto ai più piccoli. Nel loro confronti l'unica difesa è la prevenzione, perciò proibite loro di accedere alle cose che non devono utilizzare.

Srotola la stuoia
Un tappetino delimita un'area di attività e impedisce ai giocattoli di finire in tutta la stanza.

IL **CERVELLO** DEL BAMBINO

I bambini amano la routine e l'ordine, ma una casa disordinata influisce sulla loro condotta? Uno studio britannico rivela che un ambiente caotico determina spesso comportamenti negativi, a prescindere dal metodo educativo adottato. Quel che è peggio, quando l'approccio genitoriale è inadeguato, una casa disordinata acuisce il problema.

Alcuni oggetti possono essere tranquillamente usati sul sofà. Altri, invece, richiedono un tavolo. Per molte delle loro attività preferite, i bambini prediligono tuttavia il pavimento. Date loro dei tappetini o delle stuoie per delimitare le aree di gioco/lavoro. I giocattoli e i puzzle tendono a sparpagliarsi per tutta la stanza. Un tappetino, magari di 75 × 120 cm, delimita un'area di gioco/lavoro più che sufficiente. Per progetti più ingombranti, per esempio una gigantesca città di mattoncini, il piccino può unire due stuoie. Insegnategli ad arrotolarle e srotolarle e a riporle in una cesta.

Manovre di sicurezza

Domandatevi come vostro figlio possa trasferire ogni giocattolo o utensile dalla mensola al luogo in cui vuole giocare o lavorare senza danneggiarli e senza correre rischi. Spesso il metodo migliore è spostarli nel relativo contenitore. Alcuni, come le bambole, sono facilmente trasportabili da soli. Altri si compongono di molti pezzi e talvolta sono troppo pesanti o ingombranti per un bimbo. In questo caso, procuratevi dei piccoli vassoi che il bambino possa usare per trasferire i pezzi durante uno o più viaggi. Ricordate che i piccoli non sanno automaticamente trasportare gli oggetti su un vassoio senza rovesciarli, perciò dovrete mostrare loro come procedere e permettere loro di esercitarsi. Se il bambino ha qualche difficoltà, un cestino può risultare più maneggevole di un vassoio.

L'orgoglio della proprietà

Insegnate a vostro figlio ad avere cura dei suoi giocattoli e degli altri oggetti che gli appartengono. Anziché punirlo se rompe qualcosa, cercate di insegnargli a usare le cose correttamente. Se rompe un giocattolo o qualsiasi altra cosa, controllate se sia possibile ripararla e trasformate lo stesso processo in una lezione. Incoraggiate il bimbo ad aiutarvi ad aggiustarlo e insegnategli a effettuare da solo delle piccole riparazioni. Mostrategli come vi prendete cura della vostra casa ed esortatelo a imitarvi tutti i giorni. Richiamate la sua attenzione sui dettagli, per esempio raccogliere perline, pezzetti di carta e altro sporco dal pavimento.

Il controllo dell'errore

Quando possibile, cercate di incorporare una forma

> "Quando si rompe un giocattolo, controllate se sia possibile ripararlo e trasformate quel processo in una lezione."

di controllo dell'errore in ogni attività, cosicché il bambino capisca quando commette uno sbaglio. Se i piccini hanno la possibilità di utilizzare tazze e scodelle non infrangibili, imparano ben presto a essere attenti e controllati quando le usano. Gli errori offrono l'opportunità di mostrare al piccino ancora una volta, con pazienza, come svolgere un compito nel modo giusto, e di solito sfociano in una nuova lezione di risoluzione dei problemi: "Come facciamo a recuperare tutte quelle perline?" oppure "Come facciamo a raccogliere tutti quei cocci senza tagliarci?".

La bellezza e l'armonia

Scegliete giocattoli, utensili e altri oggetti d'uso quotidiano destinati a vostro figlio in base alla loro bellezza, alle loro dimensioni e alla loro maneggevolezza. Quando acquistate vassoi, caraffe e altri oggetti che il piccino userà per affinare le sue capacità di vita quotidiana (*vedi* pp. 100-107), evitate gli articoli economici e di plastica, preferendo i materiali più pregiati che riuscite a trovare e che potete permettervi. I bimbi apprezzano la bellezza del legno, del vetro, dell'argento, dell'ottone e di analoghi materiali naturali.

I bambini assorbono e ricordano ogni sfumatura del contesto domestico della loro infanzia. L'obiettivo è proporre loro attività che suscitino il loro interesse e creare ambienti belli, organizzati e armoniosi.

I giocattoli più belli
In un mondo dove molti oggetti sono appariscenti e di plastica, i piccini sono attratti dalla bellezza di materiali naturali come il legno.

alle prese con il bagno

Se il bambino sa prendersi cura di sé (imparando, per esempio, a lavarsi le mani o i denti) si sentirà competente e fiducioso.

Molte delle capacità di cui il bimbo necessita per prendersi cura di sé si sviluppano nella stanza da bagno. Date un'occhiata alla vostra e apportate tutte le modifiche necessarie (*vedi* p. 42) per garantire che il locale sia abbastanza sicuro e comodo da permettergli di svolgere le attività qui descritte.

Aprire e chiudere il rubinetto

Si tratta di un compito semplicissimo, che richiede la collocazione di una piccola piattaforma davanti al lavabo per consentire a vostro figlio di raggiungere il rubinetto. Ricordate anche di posizionare un piccolo asciugamano lì accanto affinché il bambino possa utilizzarlo.

Fategli vedere come togliere il tappo e aprire lo scarico, e spiegategli l'importanza di non far traboccare l'acqua. Indicategli il rubinetto dell'acqua fredda, dicendo: "Questo è il rubinetto dell'acqua fredda". Poi indicategli quello dell'acqua calda, precisando: "Questo è il rubinetto dell'acqua calda. Devi stare molto attento. L'acqua è così calda che puoi scottarti".

Ora aprite lentamente l'acqua fredda, a un'intensità intermedia, e chiudetela, invitando il piccino a riaprirla. Se lo fa troppo velocemente, avvertitelo: "Devi fare piano, altrimenti l'acqua schizzerà dappertutto". Quindi chiedetegli di chiudere il rubinetto, e non sorprendetevi se, invece, lo aprirà al massimo. L'obiettivo è insegnargli a controllare il getto d'acqua nel lavabo. Ripetete la lezione finché è necessario, specificando qual è il rubinetto dell'acqua fredda e qual è quello dell'acqua calda, e mostrandogli come aprirli e chiuderli.

La tattica del rubinetto
Imparare a usare l'acqua corrente è un grosso passo verso l'indipendenza in bagno.

Una volta che il piccino ha imparato a usare l'acqua fredda, incoraggiatelo a fare lo stesso con quella calda. Se avete un miscelatore, iniziate facendo scorrere prima l'acqua fredda e dicendo: "Se prima apriamo l'acqua fredda, e poi quella calda, si mescolano e diventano tiepide, ma non bollenti". Insegnate al bambino a toccare leggermente il bordo del getto per controllarne la temperatura, mostrandogli anche come regolarla diminuendo o aumentando l'intensità del flusso. Se avete due rubinetti distinti, dovrete raccomandare a vostro figlio di far scorrere un po' di acqua fredda nel lavabo con il tappo inserito, per poi aprire l'acqua calda e aggiungerla a quella già versata finché quest'ultima sarà tiepida.

Ora asciugatevi entrambi le mani e avete finito. Non meravigliatevi se il bimbo vorrà continuare a ripetere questo esercizio per un po' di tempo.

Lavarsi le mani

Una volta che il bambino ha imparato a usare i rubinetti, introducete l'idea di utilizzare il sapone e l'acqua tiepida per lavarsi le mani. Durante la stagione delle influenze e dei raffreddori, i germi si diffondono soprattutto quando i bimbi si portano le dita al naso, agli occhi e alla bocca. Uno dei metodi migliori per contenere la diffusione delle infezioni è incoraggiare il piccino a lavarsi spesso le mani, strofinandole con il sapone sotto l'acqua corrente per almeno trenta secondi. Pur non

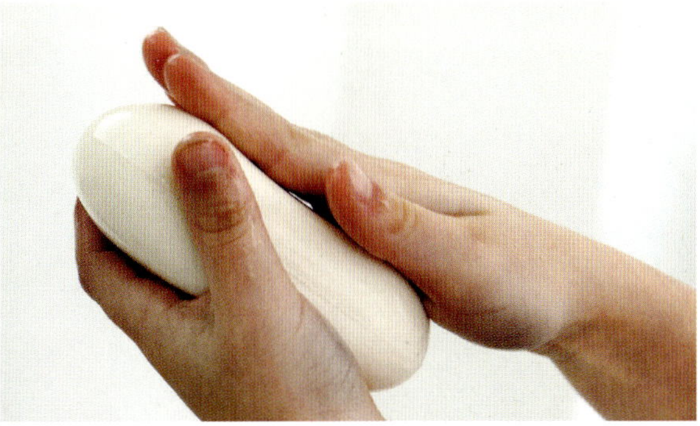

La magia del sapone
Il sapone lava via i germi dalla pelle del bambino. In alternativa, insegnate al bimbo a usare un prodotto antibatterico con l'apposito erogatore.

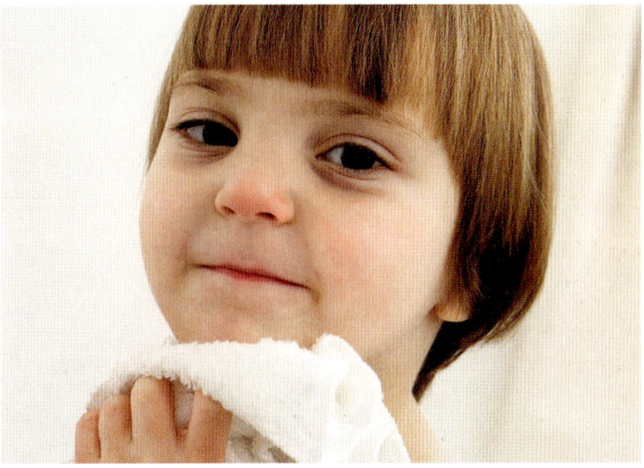

Una faccia pulita
Collocate la spugna e gli asciugamani a un'altezza che il bimbo riesca a raggiungere. Insegnategli a strizzare la spugna prima di usarla.

L'ACQUA, CHE SPASSO

I bambini adorano giocare con l'acqua, perciò è un'ottima idea mettere a loro disposizione uno spazio in cui possano farlo senza rischi. Potete usare il lavabo, una bacinella, o un tavolo acquatico per bimbi in età prescolare, collocati in una stanza con il pavimento piastrellato, e dunque facile da pulire e asciugare. In estate trasferite le attività acquatiche in giardino. Stabilite e fate rispettare alcune regole di base, per esempio il divieto di schizzare oppure di avvicinare o immergere nell'acqua oggetti affilati o apparecchi elettrici.

Procurate al bambino qualcosa di divertente con cui giocare, per esempio barche, imbuti, ruote idrauliche, bamboline da lavare, tazze e bottiglie da svuotare e riempire.

L'igiene dentale
Comprate a vostro figlio un piccolo spazzolino e insegnategli a lavarsi i denti correttamente, a sciacquare lo spazzolino e a rimetterlo nel suo contenitore.

Come dal parrucchiere
Se il bambino ha un pettine tutto suo, imparerà a curare il proprio aspetto. Aiutatelo in caso di nodi nei capelli, ma per il resto lasciatelo fare da solo.

uccidendo i germi, il sapone ammorbidisce lo sporco. Il lavaggio delle mani sotto l'acqua corrente è efficace perché quasi tutti, se non tutti, i germi scorrono via e finiscono nello scarico. Non fa mai male precisare perché occorre fare cose come questa, ricorrendo a un linguaggio semplice e a una breve spiegazione.

Lavarsi i denti

Una volta che il bimbo ha capito come utilizzare il lavabo, la pulizia dei denti richiede solo uno specchio e un piccolo spazzolino. Consultate il dentista per sapere non solo quali sono gli spazzolini e i dentifrici più adatti, ma anche qual è il modo migliore per lavarsi i denti, quindi insegnate a vostro figlio a procedere secondo i consigli dell'esperto. La regola generale è abituare i piccini a lavarsi i denti due volte al giorno; se nella vostra famiglia siete abituati a lavarli dopo ogni pasto, aspettate 30 minuti, perché lo smalto dei denti ha bisogno di tempo per indurirsi nuovamente dopo il contatto con i cibi acidi.

L'ora del bagnetto

Molti bambini adorano gli istanti trascorsi con mamma o papà durante il bagnetto, occasioni in cui dovrete tenerli d'occhio finché sarete sicuri che siano abbastanza grandi e in grado di lavarsi da soli. Di solito, fra i 3 e i 5 anni, il piccino vi farà capire di essere abbastanza maturo da non aver più bisogno del vostro aiuto. Assecondatelo, ma accertatevi che sappia lavarsi i capelli correttamente e usare un piccolo telo di spugna per il viso.

Spazzolarsi i capelli

Assicuratevi che il bimbo abbia la sua spazzola e il suo pettine e insegnategli a tenersi sempre in ordine. Se preferisce che siate voi a spazzolargli i capelli, accon-

Per imparare in fretta
In bagno, create una piccola postazione per vostro figlio, cosicché abbia tutto l'occorrente a portata di mano.

tentatelo. Può darsi che le bambine un po' più grandicelle vogliano imparare a usare fermagli ed elastici.

L'iniziazione al water

Imparare a usare il WC è un processo naturale che inizia quando il desiderio infantile di essere grandi e lo sviluppo neurologico giungono al punto in cui il bimbo riesce a controllare la vescica e l'intestino. Non dobbiamo allenare i piccini all'utilizzo del water, bensì sostenerli quando sono pronti. La disponibilità a servirsi del water dipende in gran parte dalla maturazione del sistema nervoso, che varia da soggetto a soggetto. È impossibile accelerare il processo, e la pazienza unita alla dolcezza è sicuramente una virtù. Come accade con molti altri aspetti della vita con i bimbi, se capiamo come funzionano le cose, possiamo tuttavia preparare l'ambiente più adeguato e offrire loro un prezioso incoraggiamento.

Tutto ruota intorno allo straordinario cervello e al sistema nervoso di vostro figlio, che, alla nascita, si trovano entrambi in uno stadio evolutivo incompleto. Tra la nascita e il diciottesimo mese le cellule nervose si rivestono di mielina, una sostanza grassa che facilita la trasmissione degli impulsi attraverso l'intero sistema, consentendo ai piccini di acquisire un controllo e una coordinazione motoria sempre più raffinati.

La mielinizzazione, o integrazione del sistema nervoso, è un processo graduale. I neonati imparano a controllare la testa, poi le braccia e il tronco, e infine le gambe e i piedi, passando da movimenti casuali a movimenti intenzionali e mirati.

SUGGERIMENTI PRATICI

- Siate pazienti e incoraggianti.
- Organizzate la stanza da bagno in modo da favorire l'indipendenza del bambino.
- Fategli indossare un paio di mutandine di cotone durante la giornata.
- Quando vi sembra pronto a usare il WC, insegnategli gradualmente a svestirsi, pulirsi, tirare lo sciacquone e rivestirsi.
- Spiegategli con calma le funzioni corporee.
- Tenete a portata di mano dei vecchi asciugamani in modo che il piccino possa ripulire eventuali incidenti.
- In caso di incidenti, mostratevi comprensivi.

La curiosità verso il water

I bambini cominciano quasi sempre a interessarsi al WC quando hanno circa un anno. Amano tirare lo sciacquone e spesso vogliono giocare con l'acqua. Se vostro figlio manifesta questo desiderio proponetegli dei giochi più appropriati, per esempio riempiendo d'acqua il lavabo. Più o meno nello stesso periodo, i piccini si mostrano curiosi verso la 'pipì' e la 'pupù'. Anziché meravigliarvi o scandalizzarvi, spiegate loro che "Tutti fanno la pupù. È così che il nostro corpo si libera delle parti del cibo che non riusciamo a utilizzare".

A 15 mesi, molti bimbi iniziano a volersi vestire e svestire, esprimendo spesso il desiderio di indossare le mutandine e provando quelle dei genitori o dei fratelli più grandi. Il più delle volte ciò indica che sono impazienti di imparare a usare il water.

Verso i 18 mesi i piccini hanno un sistema nervoso molto più sviluppato e integrato ed entrano in un periodo sensitivo in cui riconoscono le sensazioni fisiche e cominciano ad acquisire il controllo della vescica e dello sfintere. In questa fase, quasi tutti possiedono la capacità fisica e la volontà di controllare la vescica e l'intestino. Se i genitori offrono loro l'opportunità di indossare le mutandine anziché i pannolini per tutto il tempo possibile, acquisiscono una maggiore consapevolezza di queste funzioni corporee e hanno molte più probabilità di riconoscere la sensazione della vescica piena. Se notate in vostro figlio i segnali di questa consapevolezza, provate a mettergli delle mutandine di cotone, almeno quando è a casa durante la giornata. Può capitare che abbia qualche incidente, ma se ne renderà subito conto. I bimbi abituati ai pannolini usa e getta si accorgono raramente di aver fatto la pipì o la pupù.

Più o meno in questo periodo, molti piccini vogliono sedere sul water o sul vasino per imitare i genitori o i fratelli maggiori, pur non avendo ancora acquisito il controllo della vescica e dell'intestino. Assecondate con dolcezza il loro interesse, insegnando loro pian piano ad abbassare le mutandine, a sedere correttamente sulla tazza, a usare la carta igienica per pulirsi, a rialzare le mutandine, a tirare lo sciacquone e a lavarsi le mani.

Come un grande

Negli asili montessoriani dovrebbe essere possibile portare avanti questo approccio, ma so che non sempre è fattibile. Per alcuni bambini l'iniziazione al water avviene più tardi, ma l'importante è essere coerenti e chiedere ai maestri di seguire il vostro esempio.

Rassegnatevi ad affrontare un incidente di tanto in tanto, anche con i più grandicelli. Mantenete la calma e mostratevi rassicuranti. Tenete delle mutandine pulite dove vostro figlio possa raggiungerle e preparate una cesta di vimini e una pila di vecchi asciugamani per ripulire. Aiutatelo se ve lo chiede o se vi sembra in crisi, ma non precipitatevi in bagno e non fatelo vergognare.

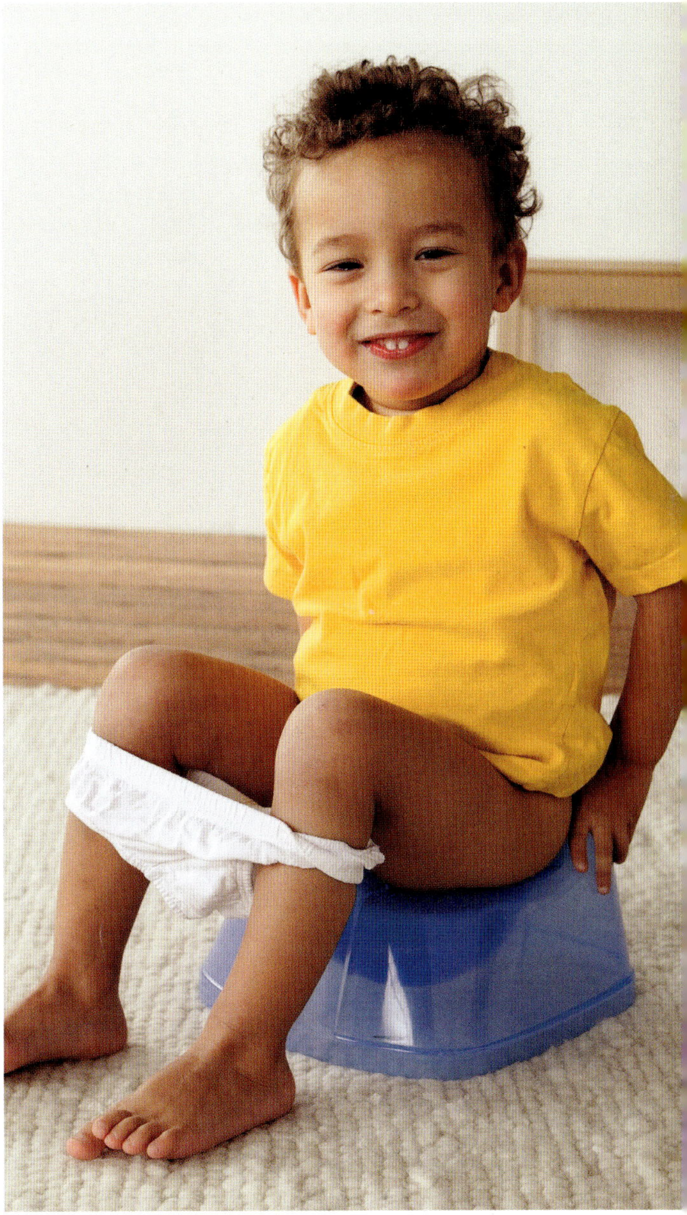

Sono capace!
L'uso del vasino è un processo naturale che deriva dallo sviluppo neurologico e dal desiderio di indipendenza.

l'arte di vestirsi

In men che non si dica vostro figlio comincerà a vestirsi e svestirsi rapidamente.

Tra i 6 e i 12 mesi, quasi tutti i bambini iniziano ad allungare una mano o un piede mentre li vestite, e verso i 18 mesi vogliono cominciare a indossare le mutandine come i loro amici o i loro fratelli maggiori (*vedi* pp. 92-93). Può darsi che alcuni amino vestirsi e spogliarsi, e non è raro che i piccini di questa età provino gli abiti dei genitori o dei fratelli più grandi. Tutti questi segni indicano che vostro figlio è pronto per vestirsi da solo.

Quando comincia a mostrarsi interessato, organizzate qualche seduta di prova con sciarpe, cappelli e pantofole. Dopo esservi seduti sul pavimento, infilatevi entrambi un paio di pantaloni, quindi dei calzini e una maglietta o un pullover. Trasformate queste accurate dimostrazioni in un gioco.

Tutto a portata di mano

Ricorderete che, spiegando come organizzare la cameretta di vostro figlio (*vedi* pp. 42-45), ho sottolineato quanto sia importante prevedere ganci, ceste, mensole e attaccapanni abbastanza bassi affinché il bambino possa raggiungerli da solo, e cassetti che possa aprire facilmente senza aiuto. Esaminate con attenzione la stanza, assicurandovi che tutto sia accessibile.

Quando i bimbi sono più grandi e più autonomi è bene offrire loro delle alternative preparando ogni mattina due tenute tra cui scegliere. Verso la fine della giornata, chiedete loro che cosa vorrebbero indossare il mattino dopo. Potete agevolare le cose anche acquistando capi che il piccino possa mettersi e togliersi senza difficoltà. Preferite i pantaloni con l'elastico in vita. Evitate gli indumenti con molte zip o molti bottoni finché il bambino non è in grado di allacciarli, e optate per le scarpe da infilare o da chiudere con il velcro. E soprattutto, cercate di essere pazienti. I bambini hanno bisogno di molto allenamento e, una volta che iniziano a lavorare sulla capacità di vestirsi, necessitano di tempo e opportunità per affinarla.

Una padronanza complete
Concedete al piccino il tempo di esercitarsi, e ben presto saprà cavarsela anche con le chiusure più complicate.

PRIMA UN PO' DI ESERCIZIO

Invitate il bimbo ad allacciare e slacciare qualche indumento prima di provare a vestirsi da solo.

I bottoni
Incoraggiatelo ad abbottonare e sbottonare un indumento dotato di grossi bottoni e steso sul pavimento.

Il telaio delle allacciature
Vi sono due nastri di diverso colore, uno fissato su ogni lato, per insegnare al piccino a fare i nodi e i fiocchi.

IN PRATICA Impariamo a vestirci

Il momento migliore per allenarsi è quando non si è in ritardo e non si va di fretta. Organizzate qualche tranquilla seduta di prova.

Sono capace di vestirmi!
Verso i 18 mesi può darsi che vostro figlio manifesti il desiderio di vestirsi senza il vostro aiuto.

Prepariamoci
Indossare un indumento semplice come una sciarpa o un berretto è un ottimo punto di partenza per il bambino pronto ad acquisire la capacità di vestirsi.

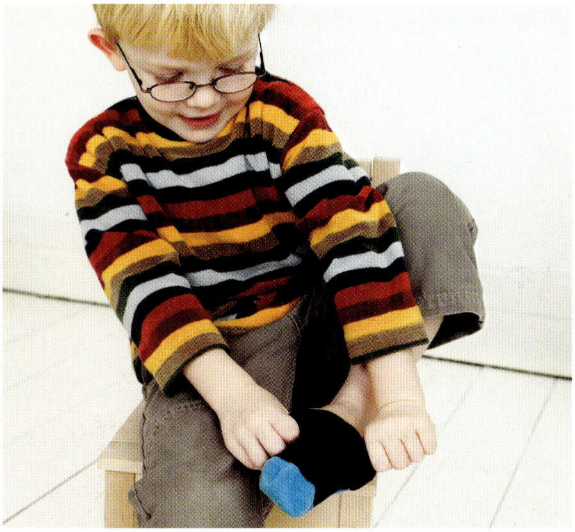

I calzini
Infilarsi i calzini richiede una certa abilità manuale. Mostrate al bimbo come arrotolarli nel modo giusto e indossarli.

Le scarpe con il velcro
Le scarpe con il velcro sono le più semplici da calzare per i piccini che sono pronti a infilarsele da soli.

I lacci
Imparare ad allacciarsi le scarpe richiede parecchia pratica. Un telaio delle allacciature (*vedi* p. 96) è utile quando il bambino comincia ad acquisire questa capacità.

PASSO DOPO PASSO Come indossare il giubbotto

Questo semplice metodo è efficace e divertente. C'è infatti qualcosa di magico nel modo in cui il giubbotto scivola al suo posto, sempre nel senso giusto.

Uno
Eden stende il giubbotto con la fodera rivolta verso l'alto e si accovaccia accanto al cappuccio.

Due
Infilando le mani nelle maniche si solleva l'indumento sopra la testa. Le maniche scivolano lungo le braccia.

Tre
Il giubbotto gli ricade perfettamente sulla schiena, ed Eden aggiusta il davanti. "Ci riesco da solo!"

Quattro
Dopo essersi allenato a lungo, ora Eden riesce a indossare il giubbotto senza aiuto in meno di trenta secondi e sorride soddisfatto.

Indossare un giubbotto può essere molto difficile per un bambino piccolo. Di tanto in tanto, persino gli adulti faticano a trovare una manica che penzola loro da qualche parte dietro la schiena. Durante l'inverno, quando molti bimbi devono mettersi il giubbotto tutti insieme prima di uscire, gli insegnanti degli asili montessoriani mostrano loro una tecnica che consente di prepararsi con pochissimo aiuto. Potete sfruttarla anche a casa vostra (*vedi* p. 98).

La preparazione aiuta

Cominciate organizzando l'ingresso della vostra abitazione con rastrelliere per le scarpe e un gancio basso sul quale il bambino possa appendere il giubbotto (*vedi* p. 42), e insegnategli a tirare fuori le maniche ogni volta che se lo toglie. Quindi spiegategli come indossarlo seguendo le fasi illustrate qui a sinistra. È importante avvicinarsi all'indumento dalla parte del colletto (le prime volte, molti bambini si ritrovano con il giubbotto a testa in giù), perciò spiegate chiaramente questo punto. Quando vostro figlio avrà acquisito questa capacità, avvertirà un profondo senso di autonomia e soddisfazione, dunque permettetegli di esercitarsi quanto crede.

"Cercate di essere pazienti mentre vostro figlio impara a vestirsi. I bambini hanno bisogno di molto allenamento."

SCARPE IN ORDINE

Infilare il piede giusto nella scarpa giusta è spesso un problema per i più piccini.
Unendo un paio di scarpe o un paio di stivali con una molletta da bucato il bambino le recupererà facilmente e troverà la destra e la sinistra già nella giusta posizione per calzarle da solo.

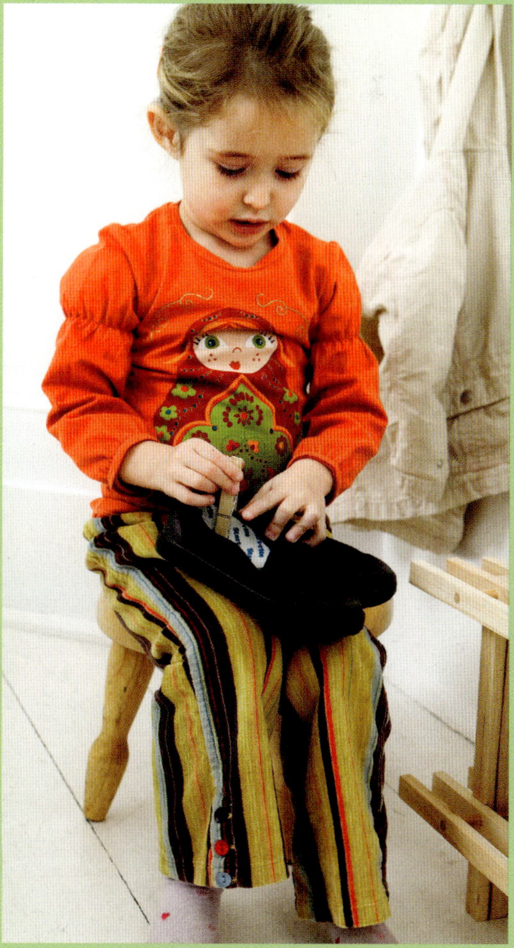

la collaborazione domestica

Da piccoli, i bambini hanno l'istinto naturale di stare a casa con noi e quasi tutti vogliono aiutarci, se non altro per sentirsi utili e più grandi.

Considerando le faccende domestiche come un'attività di famiglia cui i bimbi possono partecipare anche quando sono molto piccoli, potete instillare in loro l'orgoglio di tenere la casa e il giardino puliti e in ordine. Il lavoro non va mai visto come un'incombenza, bensì come un'attività che conduce a un senso di armonia e completezza. Ovviamente, i piccini non sanno fare tutto quello che sappiamo fare noi, e spesso gli adulti trovano più semplice arrangiarsi da soli. Prendendovi il disturbo di preparare l'ambiente e di addestrare con pazienza i bambini a fare le cose poco per volta, continuerete il processo di insegnamento delle capacità pratiche e dei giusti atteggiamenti verso il lavoro.

Il giusto approccio

Iniziate riunendo gli oggetti che consentiranno a vostro figlio di darvi una mano. Vi serviranno una scopa, uno spazzolone e un secchio a misura di bambino, oltre a un piumino, a qualche strofinaccio e alla possibilità di utilizzare lucidi e altri detersivi. Il piccino deve anche poter accedere ad alcune delle aree dove vuole aiutarvi maggiormente, per esempio il lavello della cucina. Ricordate che, mentre gli adulti svolgono le faccende domestiche senza riflettere sul processo, i bimbi devono suddividere in piccole fasi un'operazione per loro complessa. Mentre vostro figlio acquisisce una capacità, è fondamentale ritualizzare le fasi assicurandosi che ogni azione venga effettuata utilizzando sempre i medesimi strumenti e nello stesso ordine. I bambini imparano tramite la pratica e la ripetizione. Non sorprendetevi se il vostro continua a fare la stessa cosa per settimane o mesi, fino ad acquisire la necessaria padronanza.

Naturalmente, l'obiettivo non è trasformare il bimbo in un piccolo schiavo. Partite dal presupposto che a volte sia impaziente di aiutarvi e che talvolta sia impegnato in un'altra attività. L'incentivo a dare una mano sarà il desiderio di ricevere la vostra attenzione e approvazione. È improbabile che vostro figlio svolga un determinato compito di sua iniziativa; è più facile che vi imiti e che vi aiuti nell'operazione cui vi state dedicando. Evitando l'impazienza, le critiche e la tendenza a rifare quanto il

PASSO DOPO PASSO Una bella spazzata

Le scope sono oggetti irresistibili per i bambini. Questa semplice attività, suddivisa in semplici fasi, trasmette loro una capacità che useranno continuamente per ripulire dopo aver giocato.

Uno
Un quadrato di nastro adesivo sul pavimento offre a Catherine un obiettivo verso cui scopare lo sporco.

Due
Dopo aver imparato a tenere la scopa con entrambe le mani spinge le briciole nel quadrato.

Tre
Per finire usa una paletta e una spazzola per raccogliere lo sporco. Tiene la paletta orizzontalmente e si alza piano, continuando a guardarla mentre si dirige verso il bidone della spazzatura.

Puliti e asciutti
Eden asciuga con cura i piatti dopo cena ed è orgoglioso di aiutare i genitori.

IN PRATICA I vostri piccoli aiutanti

Se insegniamo ai bambini a svolgere compiti da grandi, li aiutiamo a diventare membri utili della famiglia e consolidiamo la loro autostima.

Giochi d'acqua
Lily-Rose ama lavare i piatti. È divertente quanto giocare con l'acqua, ma con più responsabilità.

Il lustrascarpe
Mark prova un senso di soddisfazione ogni volta che guarda le scarpe che ha lucidato.

L'acchiappapolvere
Usare il piumino per aiutare la mamma è una delle attività preferite di Fred.

piccino ha fatto perché non è proprio perfetto, lo stimolerete a collaborare alle faccende domestiche.

Impariamo a versare

Permettere al bambino di versarsi da solo una bevanda è impensabile per molti genitori ma, ancora una volta, potete suddividere l'operazione in varie fasi e insegnargli questa capacità con un divertente allenamento. Vostro figlio avrà molte meno difficoltà a versare i liquidi se gli procurerete delle piccole caraffe che abbiano manici di dimensioni adatte alle sue manine e che non siano troppo pesanti da sollevare quando sono piene. L'intero processo si semplificherà ulteriormente se gli insegnerete innanzi tutto a travasare qualcosa di secco, per esempio lenticchie o riso crudo, da una piccola brocca all'altra. Per questo primo esercizio i minuscoli recipienti usati per servire la panna hanno proprio le dimensioni adatte. I recipienti di porcellana o di vetro robusto incoraggiano il piccino a stare più attento. È utile sistemare un vassoio colorato sotto i contenitori,

PASSO DOPO PASSO Le caraffe

Versare le bevande è uno spasso per i più piccini. Questo esercizio, che richiede due piccole caraffe e un po' di riso o lenticchie, li aiuta a perfezionare la tecnica prima di passare ai liquidi.

Uno
Lily-Rose si esercita a versare le lenticchie da una caraffa all'altra. Il vassoio colorato serve a contenere eventuali spargimenti.

Due
Sostenendo la brocca con entrambe le mani, adesso Lily-Rose si allena con l'acqua.

cosicché il riso e le lenticchie non si sparpaglino dappertutto e il bimbo possa vederli e ripulire con facilità dopo aver finito di allenarsi. Mostrate a vostro figlio come afferrare il manico della caraffa con la mano che preferisce. Quindi insegnategli a sostenere la brocca poco sotto il beccuccio con l'altra mano. Questo accorgimento gli garantirà il massimo controllo durante l'operazione. L'esercizio consiste nel trasferire il riso o le lenticchie da un contenitore all'altro. Una volta finito, il bimbo potrà ripetere la procedura con l'altro recipiente. Sottolineate quanto sia importante prestare attenzione. "Tesoro, cerca di versare il riso da una brocca all'altra senza farne cadere neppure un chicco".

Quando il piccino avrà imparato a eseguire questa operazione, potete renderla più stimolante fornendogli delle caraffe un po' più grandi, e poi invitandolo a trasferire il riso dalla brocca in un bicchiere. Gli faciliterete le cose evitando di mettere nella caraffa più riso di quanto possa contenerne il bicchiere. Alla fine, quando ritenete che vostro figlio sia pronto, riempite il recipiente di acqua e invitate il piccino a versarla nel bicchiere senza spanderne nemmeno una goccia.

Tre
Quando ha sete, Lily-Rose è ormai in grado di versarsi l'acqua senza spanderla.

L'USO DEL CUCCHIAIO

Mentre cerchiamo di insegnare ai nostri figli le buone maniere a tavola, dobbiamo ricordare di aiutarli ad acquisire un controllo muscolare sufficiente almeno per portarsi il cibo dal piatto alla bocca senza rovesciarlo.

Un po' di allenamento con scodelle, cucchiai e forchette li aiuterà a sviluppare le capacità necessarie. Iniziate con un vassoio e due ciotole, una delle quali deve contenere qualcosa di abbastanza facile da raccogliere, per esempio fagioli secchi. Procuratevi un cucchiaio delle dimensioni giuste e mostrate al piccino come trasferire i legumi, uno alla volta, da una ciotola all'altra, invitandolo poi a provare da solo. Una volta finito, potrà ripetere l'operazione tutte le volte che vorrà.

Quando riuscirà a completare il processo senza far cadere nemmeno un fagiolo, aumentate il livello di difficoltà utilizzando qualcosa di più complicato, come il riso, e ricominciate da capo.

Potete adottare lo stesso metodo per insegnare al piccino l'uso della forchetta, scegliendo alimenti adatti a essere spostati: per esempio, cubetti di formaggio o piselli cotti.

Taglio netto
Iniziate insegnando al bambino a utilizzare il coltello per tagliare qualcosa di molle, per esempio una banana.

Stuzzichini squisiti
Tom sa dove trovare gli ingredienti e un piccolo tagliere, e ha imparato a spalmare il formaggio cremoso per preparare un spuntino.

Ricordate che questo processo non si apprende in un giorno. Quasi tutti i bimbi impiegano parecchi mesi per acquisire la coordinazione mani-occhi necessaria a versare correttamente e senza aiuto.

La preparazione della merenda

Un metodo per incoraggiare vostro figlio a consumare spuntini sani è spingerlo a prepararli da solo. Insegnategli innanzi tutto a usare un coltellino, scegliendone uno con la punta arrotondata e con la lama affilata quanto basta per tagliare una banana o del formaggio morbido. Mostrategli come afferrare il manico e come utilizzare la posata per spalmare burro, marmellata e simili.

Dopo che il bimbo avrà imparato a eseguire questa operazione, potrete insegnargli ad adoperare il coltello per tagliare un alimento molle, per esempio una banana. Quando sarà più grande, più forte e più capace di controllare la posata, passate a cibi più difficili come mele, carote e sedano. Entro breve sfrutterà queste capacità per aiutarvi a preparare insalate e verdure.

Assicuratevi che possa accedere con facilità e senza aiuto a tutti gli utensili e gli ingredienti di cui ha bisogno per prepararsi la merenda, ricordando di riservare un ripiano basso agli alimenti necessari, sia dentro sia fuori dal frigorifero.

Quando avrà acquisito una sufficiente sicurezza, invitatelo a preparare un piatto con una banana affettata e qualche cracker spalmato di burro o di formaggio. Aggiungete qualche stuzzicadenti o forchettina per raccogliere le fettine di frutta dal piatto e suggeritegli di offrire lo spuntino a tutti i membri della famiglia o agli eventuali ospiti.

Pronti, partenza, via
Tom si versa il succo di frutta da una piccola caraffa. Ora il suo spuntino è completo.

4

mantenere la pace

creare un'atmosfera affettuosa

Possiamo insegnare ai nostri figli la cortesia, il rispetto e il buon comportamento con l'esempio, le rassicurazioni e l'amore.

In una famiglia di ispirazione montessoriana, i genitori cercano di essere empatici e amorevoli, rispettando i bambini e considerandoli esseri umani autentici e completi. Anche i piccini devono sviluppare l'empatia verso gli altri e imparare le regole della cortesia quotidiana. Per raggiungere questi obiettivi, dobbiamo insegnare loro il rispetto per sé stessi e per gli altri. Non potendo essere sempre con loro, dobbiamo esortarli a comportarsi con onore e integrità a prescindere dal fatto che qualcuno li stia osservando. Non possiamo prepararli a tutte le circostanze che dovranno affrontare nel corso degli anni, ma possiamo spiegare loro come applicare alle nuove situazioni le regole generali della gentilezza.

Un ricordo indelebile
Le coccole stimolano la secrezione di endorfine nel cervello, contribuendo così al suo benessere.

Il comportamento del bebè

I neonati e i bambini piccoli non rispondono alle regole, alla disciplina e alle punizioni, ma rispondono all'amore incondizionato. Non sono ancora in grado di distinguere il bene dal male. Vivono nel presente, e

La conoscenza iniziale
Imparerete a riconoscere i vari tipi di pianto man mano che il bimbo esternerà emozioni diverse, e troverete il modo migliore per reagire.

quando vogliono qualcosa, la vogliono 'subito'. Un segreto per vivere serenamente con i bimbi piccolissimi è sforzarsi di capire che cosa cercano di comunicare quando piangono. Il pianto è uno dei loro pochi mezzi di espressione e può significare che hanno fame, che devono fare il ruttino, che sono in una posizione scomoda o che vanno cambiati.

Ricordate che anche i bebè sono persone. Possono spaventarsi, annoiarsi, sentirsi soli o fare dei brutti sogni. Osservateli e ascoltateli con attenzione, perché solo così sarete in grado di comprendere che cosa tentano di dirvi. Il comportamento dei neonati e dei bambini piccoli è istintivo, e questi piccini sono raramente capaci anche solo di decidere di obbedire alle regole fondamentali. Anche se offrite sempre un esempio di buon comportamento e spiegate perché una certa condotta è accettabile oppure no, non meravigliatevi se le vostre parole resteranno inascoltate.

In un clima di amore e rispetto, i bambini sviluppano la capacità di capire i nostri insegnamenti e cominciano a rispondervi consapevolmente. Alla fine imiteranno i nostri esempi di cortesia e inizieranno a collaborare. Quasi tutti hanno giornate positive in cui sono angelici e disponibili, e giornate meno positive in cui sembrano metterci alla prova senza sosta.

I più grandicelli

I nostri figli nutrono un profondo affetto per noi e desiderano la nostra approvazione. Il nostro obiettivo è condurli oltre la semplice obbedienza, che li induce ad assecondarci solo nella speranza di una ricompensa o per evitare conseguenze sgradevoli. Al livello più elevato, vogliamo aiutarli a interiorizzare un comportamento educato e premuroso e a distinguere il bene dal male. Ciò richiede che i bambini acquisiscano l'autodisciplina e una coscienza sociale, processo che può avvenire solo durante una lenta maturazione.

I bimbi provano le stesse emozioni degli adulti, ma non sanno istintivamente come manifestare la rabbia e la frustrazione o come risolvere i conflitti. Noi genitori dobbiamo insegnare loro a rapportarsi con gli altri, cosicché siano garbati e cortesi anche in

I genitori insegnano
Noi genitori dobbiamo insegnare ai nostri figli a gestire ed esprimere le loro emozioni.

> "È sempre meglio indicare al bambino la giusta condotta anziché aspettare che si comporti male per poi sgridarlo o punirlo."

nostra assenza. Nel bene o nel male, tutti i padri e tutte le madri sono educatori morali. Il nostro obiettivo è trasmettere ai nostri figli i valori che ci stanno a cuore e insegnare loro a vivere in base a quei principi. I piccini che raggiungono questo traguardo maturano un notevole rispetto per sé stessi e, di solito, hanno meno difficoltà a stringere delle amicizie. Rispettano i diritti degli altri e, in genere, sono una compagnia gradevole.

Quando vostro figlio è un po' più grandicello, non date per scontato che sappia automaticamente gestire una nuova situazione. È sempre meglio indicargli la giusta condotta anziché aspettare che si comporti male per poi rimproverarlo, minacciarlo o punirlo. Se assume un comportamento sbagliato, fermatelo con calma ma con decisione, quindi spiegategli come gestire la situazione in un modo socialmente accettabile.

L'importanza del rispetto

Alcuni genitori e insegnanti ritengono di poter plasmare la personalità e il futuro dei bambini mediante una severa disciplina. I bimbi, tuttavia, portano dentro di sé la traccia del loro sviluppo. I loro primi tentativi di esprimere la propria individualità sono incerti ed esitanti, e il nostro scopo dovrebbe essere aiutare i nostri figli a diventare maturi, indipendenti e responsabili. Purtroppo, come genitori, talvolta siamo iperprotettivi e non ci rendiamo conto che i figli possono imparare a vivere solo tramite l'esperienza, proprio come abbiamo fatto noi.

Vogliamo che vivano in pace e in armonia con sé stessi, con gli altri e con l'ambiente che li circonda. Lavoriamo per creare un contesto in cui imparino a comportarsi come individui autonomi e che pensano da soli. Per riuscirci, dobbiamo trattarli con rispetto, come esseri umani completi che sono stati affidati alle nostre cure. I bambini devono convincersi che è bello essere come sono. Se credono di non essere all'altezza delle nostre aspettative o di averci delusi, è molto probabile che la loro esistenza venga segnata da cicatrici emotive.

IL **CERVELLO** DEL BAMBINO

Un recente studio condotto sui bimbi americani in età prescolare rivela una chiara correlazione tra un'educazione permissiva e uno scarso autocontrollo infantile. È emerso tuttavia che, seppure in misura minore, anche i genitori molto autoritari tendono ad avere figli con problemi di autoregolamentazione.

trovare un metodo educativo comune

A volte, quando si diventa genitori, si ha solo una vaghissima idea di ciò che il partner si aspetta dalla vita familiare.

Gli studi dimostrano che i bambini crescono meglio se i metodi educativi sono coerenti e che, in tal caso, si sentono protetti, amati e possono orientarsi in base alle aspettative familiari.

Io prediligo un approccio equilibrato in cui le regole e le reazioni siano logiche e coerenti. Fissiamo dei limiti, ma vogliamo anche che i bimbi si sentano ascoltati e che assorbano una cultura familiare basata su alcune regole fondamentali di gentilezza e cortesia. Adottiamo inoltre il comportamento che vorremmo vedere nei bambini, perciò, quando i genitori hanno opinioni divergenti, dovrebbero rivedere il proprio approccio. Tra gli atti di sabotaggio più comuni figura l'abitudine di contraddire apertamente il partner davanti al piccino o di esprimere il proprio dissenso al bimbo in privato. La strategia migliore è sostenere il partner nell'immediato e discutere delle divergenze in un secondo momento.

"I bambini crescono meglio se i metodi educativi sono coerenti e, in tal caso, si sentono protetti."

Seguire un corso per genitori e leggere libri di pedagogia per poi discuterne insieme è un buon modo per ritrovarsi sulla stessa lunghezza d'onda. Osservate le situazioni che si presentano, o che potrebbero presentarsi, e parlate di come le affronterete coerentemente in famiglia. Se non riuscite a trovare un punto d'incontro, o se vi imbattete in situazioni ingestibili perché troppo pericolose o troppo sconvolgenti, rivolgetevi a un professionista.

Condividete il vostro approccio

Molti nonni svolgono un ruolo importante nella vita dei nipoti, dimostrando loro che i genitori non sono gli unici ad amarli e ad averli a cuore. Assicuratevi che i nonni comprendano il vostro metodo educativo e il bisogno di coerenza, ma entro i limiti della ragionevolezza.

In armonia
I bambini si sentono al sicuro quando i genitori collaborano per trovare l'approccio migliore alla vita familiare.

affrontare i cambiamenti in famiglia

Forse non siamo in grado di controllare i cambiamenti radicali della vita, ma possiamo gestirne e attenuarne gli effetti sui bambini.

Le routine prevedibili e l'affetto delle persone che conoscono e capiscono i piccini fanno da sfondo alla vita di quasi tutti i bimbi, ma certe volte il mondo si capovolge. Avvenimenti come la nascita di un fratellino o di una sorellina oppure un'adozione provocano sconvolgimenti quotidiani e un groviglio inestricabile di emozioni. I periodi di stress, per esempio quando i genitori decidono di separarsi o di divorziare o quando c'è un lutto in famiglia, possono essere scioccanti e traumatici.

Careful handling

Il cambiamento, qualunque cambiamento, può essere destabilizzante per i piccini. Possono riuscire oppure no a esprimere i loro sentimenti, ma noi genitori dobbiamo mettercela tutta – nonostante il turbamento, la confusione e lo scompiglio – per rendere il cambiamento il più indolore possibile. Come? Dipende dall'età dei bimbi e, naturalmente, dalle circostanze. Ci sono molti manuali che spiegano come aiutare i bimbi ad affrontare la separazione o il divorzio, e altri ancora che trattano altre forme di perdita come la morte di una persona cara. Un consiglio prezioso nel caso di un lutto in famiglia è evitare di dare più informazioni di quante i bambini possano assorbirne. Ascoltate le loro domande e i loro dubbi, rispondete con la maggiore semplicità possibile e tranquillizzateli dicendo che li terrete sempre al sicuro.

Lo stesso criterio è valido anche in caso di separazione o divorzio, ma è fondamentale non chiedere ai figli di schierarsi con uno dei due ge-

> "Ascoltate le domande e i dubbi di vostro figlio e rispondete con la maggior semplicità possibile."

nitori e non coinvolgerli nei conflitti. È il momento di comportarsi da adulti, sforzandosi di essere calmi e presenti per i bimbi. Ancora una volta, non sovraccaricateli di informazioni e, per quanto stiate male, non cercate conforto in loro. Consolarvi non è loro compito.

Le riunioni di famiglia

Nell'ambito familiare possono presentarsi situazioni di ogni tipo ma, se mi chiedeste di indicarvi una strategia efficace nella maggior parte dei casi, direi le riunioni di famiglia. Dovrebbero essere parte integrante della vostra normale routine e svolgersi ogni settimana in presenza di tutti i membri della famiglia dai tre anni in su (compresi i nonni, se vivono con voi). I più piccini possono semplicemente assistere per farsi un'idea generale. Date loro un giocattolo o qualcosa da fare. Gli incontri devono essere brevi: da 10 a 15 minuti, in base all'età dei bimbi. Ecco qualche indicazione.

- Il tempo dedicato alle riunioni è sacro, perciò accertatevi che, se possibile, tutti siano presenti.
- Evitate gli orari dei pasti.
- Spegnete computer, cellulari e tablet.
- Alternatevi alla guida della riunione.
- Iniziate ringraziando e complimentandovi per le buone azioni e per i lavori ben fatti.
- Dedicate i primi incontri a temi divertenti. In seguito, genitori e figli potranno proporre argomenti più seri.
- Concludete la riunione con qualcosa di simpatico: una barzelletta, una poesiola o una canzoncina. Una volta inseriti nel vostro ménage, questi incontri saranno apprezzati e graditi e diventeranno la sede migliore per discutere dei problemi di famiglia.

Tenete duro
Quando la vita vi mette a dura prova, pensate innanzi tutto alla stabilità e al benessere dei bambini.

evitare i capricci

I capricci possono far perdere completamente il controllo a genitori e figli, ma uno dei due deve comportarsi da adulto.

I capricci sono una costante dei bambini piccoli, anche se alcuni li protraggono per anni se capiscono di poterli sfruttare per ottenere ciò che vogliono. Le cause più comuni sono la stanchezza, la fame, la tensione emotiva o un malessere fisico. Quando vostro figlio diventa più 'furbo', può darsi che queste esplosioni siano soltanto uno strumento per mettere alla prova i vostri limiti o vedere come reagite.

I bimbi scelgono sempre i momenti peggiori per abbandonarsi a queste manifestazioni incontrollate. Magari state guidando oppure siete al supermercato, al ristorante o a casa di amici e, quando meno ve lo aspettate, vostro figlio fa una scenata. Viene istintivo fare subito qualcosa per calmarlo, ci si sente in imbarazzo, e il livello di stress sale alle stelle. Ecco perché i genitori ricorrono spesso a minacce e punizioni. Invece dobbiamo ricordare che i capricci significano qualcosa, e l'unico metodo efficace è ricercarne la causa e tentare di rispondere alle esigenze del bambino.

> "I capricci possono essere uno strumeno per mettere alla prova i vostri limiti o vedere come reagite."

I vari tipi di capricci

Vi è una notevole differenza tra l'esplosione di un bimbo stanco, malato o affamato e quella di un bambino arrabbiato, frustrato o intenzionato a mettere alla prova i vostri limiti. Nel primo caso, è sufficiente che il genitore determini il motivo della manifestazione, conservi un atteggiamento calmo e positivo, e risolva il problema con cibo e riposo, conforto e rassicurazioni. Benché sia imbarazzante avere un bambino che piange senza sosta al supermercato o durante un incontro sociale, se non altro vi è una situazione fisica che può essere superata una volta riconosciuta. Se

Causa ed effetto
Può darsi che vostro figlio faccia i capricci perché è stanco, malato, affamato o semplicemente frustrato.

fate del vostro meglio per mantenere il controllo, alla fine ci riuscirete.

La seconda categoria di capricci è analoga a qualsiasi lotta di potere. È il mezzo usato per esercitare un certo controllo in una circostanza in cui il bimbo ha l'impressione di essere impotente. Ricordate che quando i bambini dicono: "No!" o fanno i capricci, cercano di comunicarvi qualcosa. Dovete restare calmi, fare un passo indietro e decifrare il messaggio nascosto. Può darsi che il piccino voglia solo essere ascoltato. Proprio come gli adulti, talvolta i bimbi hanno la sensazione che nessuno dia loro retta.

Scegli tu
Evitate le lotte di potere offrendo delle alternative al bambino. Per esempio, scegliete due vestiti e consentitegli di indossare quello che preferisce. In questo modo avrà l'impressione di esercitare un certo controllo.

Risolvere i problemi

Talvolta è difficile individuare il motivo di un'esplosione, perché il bambino non riesce a esporre il problema. Quasi tutti i genitori imparano tuttavia a riconoscere i sintomi e a formulare un'ipotesi ragionevole.

Se ritenete che il comportamento del piccino sia dettato dalla fame, procurategli del cibo il prima possibile, anche se l'orario non è quello consueto. È sempre una buona idea portarsi dietro uno spuntino sano per le emergenze di questo tipo.

Se credete che il bambino sia stanco, parlate poco e a bassa voce, abbracciandolo o cullandolo, e accompagnatelo il prima possibile nella sua cameretta o in un luogo in cui possa riposare.

Se pensate che il bimbo non stia bene, parlategli con dolcezza, cercando di rassicurarlo. Se vi sembra che sia sul punto di vomitare, chiedete a qualcuno di procurarvi una bacinella vuota o un secchio e un asciugamano tiepido. Se necessario, contattate il medico mantenendo la calma.

Se parlate a lungo con un'altra persona al telefono o a tavola, ricordate di colmare di attenzioni il piccino quando avete finito.

Alcuni bambini hanno qualche difficoltà ad affrontare le transizioni, e questa può essere un'altra causa di capricci. Per esempio, se siete al parco giochi, dite in anticipo a vostro figlio che dovrete andarvene entro breve. "Tra dieci minuti torniamo a casa. Vuoi andare ancora sullo scivolo o sull'altalena?". L'avvertimento anticipato e la possibilità della scelta lo aiuteranno a gestire le transizioni con maggiore facilità.

Se è evidente che il bimbo vuole mettere alla prova i vostri limiti, mantenete la calma ed evitate di litigare. Parlate con tranquillità, sottolineando con tenerezza che capite la sua collera, ma che le regole non cambieranno. Per esempio: "So che vorresti restare al parco giochi, ma dobbiamo andare a casa per preparare il pranzo".

Evitate i trabocchetti

La vita familiare è spesso caratterizzata da schemi comportamentali. Cercate di individuare quelli che tendono a provocare i capricci ed evitateli. Per esempio, se vostro figlio tende ad avere delle esplosioni quando andate a fare la spesa, affidatelo al partner o alla baby-sitter.

Non di rado i bimbi si irritano quando i programmi cambiano bruscamente e, se vostro figlio ha questa caratteristica, programmate in anticipo le attività e attenetevi a quanto stabilito.

Spiegate i limiti al bimbo prima di fare qualcosa. Per esempio, se intendete fare compere e vostro figlio vuole un giocattolo, ditegli in anticipo se siete d'accordo oppure no e mantenete il vostro proposito. Non cedete di fronte ai tentativi che vostro figlio compie per spingervi a fare marcia indietro, a prescindere dal fatto che piagnucoli, insista o cerchi di manipolare la situazione. Può essere utile distrarlo con un gioco al primo segno di capricci. Se non si calma, probabilmente dovrete prendere le distanze sedendovi a leggere qualcosa o uscendo dalla stanza, facendogli capire che siete disposti a coccolarlo non appena sarà pronto.

Molte famiglie si sforzano di fare troppo. Ricordate che i bimbi preferiscono le routine consolidate e che si arrabbiano o si stancano quando sono costretti a passare da un'attività all'altra. Talvolta è inevitabile, ma pensateci bene prima di iscrivere vostro figlio a una palestra, a una scuola di danza o ad altri corsi per l'infanzia. Volare da un'attività all'altra aumenta i livelli di stress e getta le basi per i capricci.

IL **CERVELLO** DEL BAMBINO

Le situazioni difficili scatenano nel bambino la risposta allo stress, aumentando la frequenza cardiaca, la pressione arteriosa e il rilascio di cortisolo (ormone dello stress). Se il bimbo riceve sostegno da un adulto premuroso, gli effetti si attenuano, favorendo lo sviluppo di un sano sistema di risposta alle situazioni stressanti.

COME COMPORTARSI

Quando vostro figlio fa i capricci, ricordate questi suggerimenti:

- Non ricorrete alla violenza schiaffeggiandolo o sculacciandolo. È il metodo più efficace per insegnargli a essere violento.
- Non cercate di immobilizzarlo fisicamente durante la scenata a meno che non voglia correre in mezzo alla strada o farsi del male in altro modo.
- Evitate minacce e punizioni. Quando i piccini assumono un comportamento irragionevole, queste strategie non funzionano e servono soltanto ad acuire il loro turbamento emotivo.
- Non discutete. Non potete spuntarla con qualcuno che non vuole ascoltarvi.
- Non mettete in imbarazzo il bambino e non schernite la sua condotta. In questo modo gli insegnerete soltanto ad aggredire gli altri in futuro.
- Non tentate di risolvere un capriccio in pubblico. Prendete vostro figlio e portatelo in un luogo in cui possiate stare soli e parlare in privato. Farete un gesto di cortesia verso chi vi circonda e avrete maggiori probabilità di gestire la situazione.

Come evitare le battaglie al momento della nanna

Il momento del sonno può essere un'occasione speciale oppure trasformarsi in una lotta di potere tra genitori e figli. I bambini sono riluttanti ad andare a dormire per molte ragioni: non vogliono essere obbligati, temono di perdersi qualcosa, non sono stanchi o desiderano semplicemente restare con mamma e papà. Come in ogni altra circostanza, domandatevi qual è il vero significato di questo comportamento. Poi trovate il modo di dare al bimbo qualcosa di ciò che vuole ma fatelo andare a letto.

Create una routine

Un'ottima routine comprende uno spuntino, un bagnetto, il lavaggio dei denti, la lettura di una storia e qualche coccola prima di rimboccare le coperte al piccino e dargli il bacio della buona notte. Ripetete le stesse azioni ogni sera; i rituali calmano e rassicurano i bimbi. Iniziate un'ora circa prima del momento in cui sperate che vostro figlio si addormenti. Fate tutto con la massima tranquillità. Non è il momento giusto per andare di fretta.

IL **CERVELLO** DEL BAMBINO

Il sonno influisce nettamente sulle capacità di apprendimento infantili. Un team di ricercatori tedeschi e svizzeri ha dimostrato come le nozioni assimilate inconsciamente durante il giorno si trasformino in conoscenze attive nel cervello durante i lunghi periodi di profondo sonno notturno. Questo effetto è molto più marcato nei bambini che negli adulti.

> "Ripetete le stesse azioni ogni sera; i rituali del coricamento calmano e rassicurano i bambini."

Avvisate il bambino una decina di minuti prima di cominciare il rituale per consentirgli di concludere le attività in cui è impegnato. Evitate le lotte di potere offrendo al piccino delle alternative che siano sempre accettabili dal vostro punto di vista. Per esempio: "Vuoi che stasera sia la mamma o il papà a rimboccarti le coperte?".

Se il bimbo ha difficoltà a coricarsi, provate con la visualizzazione guidata, un processo che prevede l'uso delle parole per descrivere un'esperienza piacevole e rilassante. Alcuni genitori ricorrono a una musica rasserenante. Potete anche raccontare una storia gradevole, per esempio immaginando che voi e vostro figlio facciate un viaggio su un tappeto volante o veleggiate lungo uno splendido fiume.

Un'altra possibile strategia è rievocare i momenti felici: "Ricordi quando eri piccolo e io ti portavo sulle spalle?". Oppure potete elencare gli aspetti della sua personalità che apprezzate maggiormente: "Adoro la gentilezza che mostri verso gli altri. Sono davvero orgogliosa di essere la tua mamma". Potete incoraggiare il piccino a parlarvi della sua giornata ponendogli le domande giuste nel modo giusto. Per esempio: "Qual è stata la cosa più bella che hai fatto oggi?" anziché: "Che cosa hai fatto oggi?", un quesito che di solito produce la risposta: "Niente".

Una volta terminato il rituale del coricamento, uscite dalla cameretta senza fare rumore. Per evitare che vostro figlio si alzi e venga a cercarvi, avvertitelo in anticipo: "A meno che non si tratti di una vera emergenza, se vieni a chiamarmi dopo essere andato a letto, ti riaccompagnerò nella tua stanza". Non litigate e non cedete. Siate calmi, dolci e coerenti. La coerenza è importante, perché, altrimenti, il bambino trasgredirà sempre più spesso alle regole per vedere se siano ancora valide. A volte occorre fare delle eccezioni per rispondere a un'esigenza fondamentale del bimbo. Per esempio, può darsi che si svegli nel cuore della notte e che abbia bisogno di voi perché ha paura o sta male. Lasciatevi guidare dall'istinto.

Il rituale della nanna
La lettura di una storia è un'attività utile e rilassante, perché il piccino si calma fino a prendere sonno.

un approccio positivo alla disciplina

Molti genitori credono che disciplina sia sinonimo di punizione. In realtà, è sinonimo di insegnamento.

In qualche misura, tutti i bambini cercheranno di violare le regole. Anzi, questo processo è una parte normale della crescita infantile. Quando i bimbi mettono alla prova gli adulti, spesso lo fanno per esprimere sentimenti che non capiscono, e grazie alle nostre reazioni imparano pian piano a gestire correttamente le loro emozioni. Superando i nostri limiti, comprendono che teniamo davvero a determinate regole fondamentali di garbo e cortesia nelle relazioni. Facendo i capricci, muovono i primi passi esitanti verso l'indipendenza, tentando di dimostrare che non li controlliamo totalmente.

Le regole fondamentali della famiglia

Ho l'impressione che alcune famiglie abbiano troppe regole, quando invece basterebbero alcuni principi fondamentali capaci di illustrare ciò che auspichiamo e ci aspettiamo da tutti i membri della razza umana. Non è necessario essere creativi e inventare norme che governino ogni aspetto della vita dei nostri figli. Concordate le regole fondamentali della famiglia, scrivendole su un foglio da appendere dove entrambi i genitori possano consultarle. Insegnate a vostro figlio a fare la cosa giusta anziché soffermarvi sui suoi errori. Di solito, la famiglia di ispirazione montessoriana segue soltanto alcune norme di base.

- Tratta tutti con rispetto.
- Se usi qualcosa rimettila al suo posto, quando hai finito.
- Se rompi o spargi qualcosa, pulisci.
- Dì la verità e non avere paura di ammettere i tuoi sbagli.

Dovete avere le idee ben chiare riguardo alle regole, esponendole con un atteggiamento positivo, senza farle sembrare delle proibizioni. Anziché dire: "Non fare questo!", le norme dovrebbero indicare al piccino come comportarsi. Insegnategli l'obbedienza alle regole come se gli steste insegnando qualsiasi altra capacità di vita quotidiana, e adottate i comportamenti che volete promuovere nel bambino. Cercate di sorprendere il bimbo mentre fa qualcosa di giusto, incoraggiando e lodando anche i più piccoli passi

L'importanza dell'ordine
Insegnate a vostro figlio a mettere via i giocattoli dopo che ha finito di usarli.

nella direzione corretta. Non aspettate che abbia acquisito la nuova capacità, bensì sostenetelo lungo il cammino.

Quando vostro figlio disobbedisce a una regola fondamentale, esistono molti metodi da adottare al posto dei rimproveri, delle minacce e delle punizioni. Correggetelo suggerendogli una scelta più appropriata. Rammentategli la regola e chiedetegli di smettere con educazione ma con fermezza. Se la situazione non è gravata dalla tensione emotiva (cioè se non siete esasperati), rispiegate al piccino come comportarsi in simili circostanze.

La violazione delle regole
Se una delle vostre regole fondamentali proibisce di arrampicarsi sui mobili, ma sorprendete i vostri figli a saltare sul sofà, chiedete loro di smettere con educazione ma con fermezza, quindi rammentate loro la regola e il motivo per cui l'avete introdotta.

Siate coerenti. Se proprio non riuscite a far rispettare una regola fondamentale, accantonatela. Poche norme solide sono meglio di decine di norme destinate a essere ignorate.

Riducete i 'no'

Prima o poi, tutti i bambini diranno con ostinazione: "No, non voglio!". Si tratta della classica lotta di potere che inizia in tenera età e spesso continua per tutta l'infanzia e l'adolescenza. Molte persone considerano il periodo compreso fra i due e i tre anni una fase difficile, ma non è detto che debba essere così, né a quell'età né più avanti (*vedi* colonna a destra).

Le lotte di potere scoppiano quando sia i genitori sia i figli sono decisi a fare a modo loro, e nessuno dei due è disposto a cedere. Sotto sotto, entrambi si sentono frustrati e minacciati. Gli adulti hanno l'impressione che i bambini vogliano sfidare la loro autorità, mentre i bimbi si sentono spesso impotenti e cercano di affermare la loro autonomia e di introdurre un maggiore equilibrio di forze nel rapporto con i genitori.

Non punite, insegnate

Le minacce e le punizioni non sono gli strumenti ideali per convincere i piccini a fare i bravi. Spesso, quando i bimbi sono arrabbiati o vogliono far valere la loro indipendenza, si comportano male e non danno peso ai castighi. Invece, quelli che rispondono alle minacce e sono turbati dalle punizioni sono ansiosi di assecondarci e di riconquistare il nostro amore. Probabilmente questi soggetti reagiranno anche ad altre forme di disciplina. Pur producendo quasi sempre risultati immediati, i castighi hanno raramente effetti duraturi e funzionano soltanto se l'interessato attribuisce loro il giusto valore.

Insegnate a vostro figlio a fare le cose correttamente e, anche se non è sempre facile, sottolineate gli aspetti positivi della sua condotta anziché ricorrere alle sfuriate. Non ponetegli mai domande impossibili come: "Quante volte ti devo dire di...?". La risposta logica a simili quesiti sarebbe: "Non lo so, papà! Quante volte me lo devi dire?".

LE STRATEGIE DEL 'NO'

Ecco qui alcuni trucchi utili per limitare l'uso del 'no!' e le lotte di potere:

- Offrite delle alternative a vostro figlio. Quando è possibile permettetegli di scegliere tra due alternative accettabili. "Preferisci l'acqua o il latte?".
- Insegnategli a dire 'no' con educazione. "Mamma, adesso non ne ho proprio voglia".
- Ricordate la regola aurea della vita familiare enunciata da Robert Heinlein: "La gentilezza e la cortesia sono ancora più importanti tra marito e moglie, e tra genitori e figli, che tra perfetti estranei".
- Non limitatevi a cedere. Fate marcia indietro con garbo. Spesso, trovando un compromesso, voi e vostro figlio otterrete tutto ciò che volete, o quasi.
- Potete ridurre al minimo le lotte di potere concedendo al bambino un grado ragionevole di indipendenza e responsabilità. Così si sentirà grande e dotato di un certo controllo.
- Riservate i 'no' ai casi veramente importanti, per esempio vietando un'attività che potrebbe nuocere a vostro figlio o agli altri o provocare dei danni.

capire la personalità del bambino

Riconoscendo, assecondando e valorizzando le diverse personalità dei nostri figli, dimostriamo loro che il mondo li accetta come individui.

Da piccoli non vedevate l'ora di andare a scuola oppure esitavate? Eravate i più popolari della classe o restavate spesso soli? Amavate gli sport di squadra o preferivate leggere un libro? Forse una delle cose più difficili da accettare per noi genitori è che i nostri figli non sono noi. Potreste sorprendervi delle marcate differenze tra la vostra personalità e quella del bambino, o magari il suo comportamento vi ricorda un aspetto del vostro carattere che vorreste correggere. Ciascuno di noi è unico: genitore, figlio, nonno. Abbiamo interessi, temperamenti e capacità diverse, e ognuno di noi vede il mondo e interagisce con gli altri in maniera differente. I bimbi traggono beneficio da questa consapevolezza, e anche i genitori.

> "Forse una delle cose più difficili da accettare per noi genitori è che i nostri figli non sono noi."

Il temperamento e la personalità

Il bebè viene al mondo con un temperamento di fondo. Può darsi che sia un dormiglione, un neonato irritabile che piange quando un estraneo lo prende in braccio, o un tipo socievole che sorride e vocalizza con chiunque. Un approccio indifferenziato all'educazione non funziona nemmeno nella primissima infanzia. Con gli anni, il temperamento cede il passo ai

Divertiamoci tutti insieme
Le personalità espansive sono perlopiù socievoli e generose. Un bambino estroverso è spesso un magnifico compagno di giochi per i fratelli e gli amici più piccoli.

tratti caratteriali. Il piccino può essere timido, cauto e sulla difensiva, spesso impegnato in attività solitarie e spaventato dalle nuove esperienze. I tipi calmi e accomodanti si adattano più rapidamente a quasi tutte le situazioni, mentre i bambini grintosi si buttano a capofitto in ogni cosa. Se 'osservate e seguite' regolarmente vostro figlio (*vedi* pp. 48-49), imparerete ben presto a conoscerlo..

Il bambino timido

Gli introversi di questo mondo soffrono moltissimo, specialmente durante l'infanzia. Abbiamo visto tutti la madre disperata che, a una festa, sprona la figlia a giocare con gli altri o il padre che, al parco, esorta il figlio ad arrampicarsi sul castello. Se invece riconosciamo e valorizziamo lo stato d'animo del bimbo, gli comunichiamo l'idea che lo accettiamo così com'è: "So che non ti piacciono i cavalli della giostra, Jack. Quando sarai più grande, magari avrai voglia di provare".

Quando la situazione rischia di diventare ardua per il piccino, preparate il terreno con conversazioni tranquille: "Andiamo alla festa per il settantesimo compleanno del nonno. Ci saranno i tuoi cuginetti, le zie, gli zii e persone e bambini che non conosci. Quando cantiamo 'Tanti auguri a te', dove vuoi che ci sediamo?".

Ricordate anche che a volte i bimbi ci stupiscono con reazioni assolutamente imprevedibili. Un esempio tipico è il bambino intimidito dagli estranei e dalle nuove situazioni, che però va in una scuola mon-

COME SI SVILUPPA LA PERSONALITÀ

Nei primi anni di vita, la trasformazione del temperamento in una serie di tratti della personalità dipende da fattori ben precisi.

- Il bimbo ha bisogno di un rapporto dolce e affettuoso con chi lo circonda.
- Deve crescere con regole chiare che gli permettano di acquisire l'autocontrollo e di essere sicuro delle proprie azioni.
- Deve essere inserito in un ambiente che gli offra l'opportunità di esplorare e coltivare le sue passioni e i suoi interessi.
- I suoi primi insegnanti devono adeguare l'approccio educativo ai suoi pregi e ai suoi interessi, aiutandolo a superare le difficoltà.
- Deve essere riconosciuto e apprezzato come individuo, e anche incoraggiato a inserirsi in un gruppo.
- Occorre comunicargli spesso l'idea che essere così com'è va benissimo.

Una personalità solare
I bambini dal temperamento solare ricevono molto affetto e spesso sono felici di essere al centro dell'attenzione.

tessoriana e, dopo il primo giorno, è impaziente di tornare in aula.

Il comportamento difficile

Che cosa si intende per comportamento difficile? Una condotta esasperante? Particolarmente grave? Resistente a tutti i rimedi tradizionali? La prima domanda da farsi è se sia una condotta normale per l'età del bambino. I più piccoli hanno un arco dell'attenzione limitato, scarse capacità sociali e la tendenza a lanciare gli oggetti e a spingersi oltre i limiti della sicurezza durante le loro esplorazioni. Gestire il loro comportamento significa spesso gestire le nostre aspettative: evitare i ristoranti di lusso, monitorare le situazioni che scatenano i capricci (*vedi* p. 121), offrire una valvola di sfogo ai più turbolenti e portare i più nervosi in un angolo tranquillo quando si è in un luogo affollato.

La condotta del bambino si può considerare normale in una data situazione? Quando nasce un fratellino, spesso il più grandicello riceve poche attenzioni. "La tua sorellina è bellissima" ha detto una nonna al nipotino ribelle. "Ma ora vorrei leggere una storia a qualcuno che sappia parlare".

Quando i parenti vengono a casa nostra per una ricorrenza o una riunione di famiglia, è facile intravedere dei tratti irriconoscibili in un gruppo di bimbi eccitati e sovrastimolati, nel qual caso è bene mostrarsi indulgenti.

Detto questo, alcuni bambini sembrano buttarsi a capofitto in ogni situazione, e ci sono occasioni in cui paiono incontrollabili. A questi soggetti occorre ricordare costantemente le regole di base: non devi far male né mettere in pericolo te stesso, gli altri o gli esseri viventi, non devi danneggiare intenzionalmente la natura, gli oggetti di tua proprietà o quelli altrui. È consigliabile proporre a questi bimbi molte attività all'aperto (a prescindere dalle condizioni meteo) e passatempi interessanti cui dedicarsi in casa.

I bambini difficili si aspettano spesso una reazione negativa, perciò sottolineate e ricompensate le buone parole e le buone azioni. Ricordate che i bimbi cambiano durante la crescita, e le caratteristiche che forse trovate esasperanti quando sono piccoli possono trasformarsi in tratti positivi quando diventano più grandi. I piccini ci stupiscono perché sono individui fin dall'inizio. A volte ce lo dimentichiamo.

Osservare e aspettare
Per molti bimbi, la timidezza è la reazione naturale alle nuove situazioni. Anche l'arrivo imminente di un fratellino può minare la loro sicurezza.

lezioni di garbo e di cortesia

I giochi che affinano le buone maniere insegnano ai bimbi a comportarsi bene in ogni circostanza.

Pochissime persone sembrano capire quanto sia importante insegnare ai piccini le sottigliezze del comportamento accettabile. Nelle scuole montessoriane, le 'lezioni di garbo e cortesia' (esercizi che educano al rispetto e alla gentilezza) si affiancano alle materie tradizionali previste dal piano di studi. Insegniamo ai nostri alunni a stringersi la mano, salutare gli amici e accomiatarsi. Spieghiamo loro come interrompere delicatamente qualcuno che è occupato e come dire: "No, grazie" con gentilezza. Mostriamo loro come parlare in ambienti chiusi e come giocare in armonia. Indichiamo loro come porgere delle scuse sincere e risolvere pacificamente i conflitti.

Lezioni semplici

Il primo passo è spiegare una situazione in termini semplici e illustrare il modo più corretto per gestirla. Poi invitate il bimbo ad allenarsi con voi, riproducendo la sequenza degli avvenimenti. I bambini amano queste lezioni purché siano brevi e nessuno li minacci o li metta in imbarazzo quando commettono un errore.

Per esempio, se il piccino ha l'abitudine di urlare a squarciagola in casa dovete insegnargli come limitare il chiasso a un livello che non disturbi gli altri. Evitate di rimproverarlo e chiedetegli con educazione ma con fermezza di parlare a bassa voce. Poi scegliete un momento in cui nessuno dei due è turbato a causa del comportamento in questione e impartite al bimbo la lezione sul modo più idoneo di parlare negli ambienti chiusi. Scegliete un linguaggio semplice e mostrategli che cosa intendete. Per esempio, potete dire: "Vorrei parlarti della voce nei luoghi chiusi. Quando siamo all'aperto, lo spazio è così grande e talvolta dobbiamo gridare per farci sentire. Fuori,

Il galateo del telefono
Mia sa rispondere educatamente al telefono, ascoltare con attenzione e quindi esporre le sue novità.

non ci fanno male le orecchie se qualcuno urla. Perciò possiamo usare le voci dei luoghi aperti. Ma quando siamo dentro, se gridiamo, ci fanno male le orecchie e disturbiamo i vicini. Perciò dobbiamo usare la voce dei luoghi chiusi".

Poi dategli un esempio pratico. Gridate, quindi domandategli: "Ho usato la voce dei luoghi aperti o la voce dei luoghi chiusi?". Poi parlate normalmente. "Che cosa ne pensi? Ho usato la voce dei luoghi aperti o quella dei luoghi chiusi? Dentro, usiamo la voce dei luoghi chiusi. Fuori, quella dei luoghi aperti".

Con questo metodo, potete impartire a vostro figlio lezioni di ogni genere, da dire 'per favore' e 'grazie' a chiudere le porte senza sbatterle. Alcune famiglie ricorrono al sistema della 'maniera della settimana', introducendo una nuova regola di cortesia quotidiana ogni sette giorni e allenandosi ad applicarla durante i pasti e in casa.

LEZIONI DI CORTESIA

Ecco qualche altra idea per le lezioni di garbo ed educazione:

- Dire 'per favore' e 'grazie'.
- Usare un tono gentile quando si parla: niente urla o piagnucolii.
- Come invitare gli altri a rispettare i turni e chiedere di partecipare a un gioco.
- Come presentarsi.
- Come aprire e chiudere le porte.
- Che cosa fare se viene da tossire o da starnutire.
- Fare i complimenti alle persone e incoraggiarle.
- Permettere agli altri di passarti davanti o di andare per primi.
- Dire 'scusa' se urti qualcuno.
- Rispondere con educazione quando qualcuno ti chiama o dice il tuo nome.
- Camminare intorno alle aree in cui altri bambini stanno lavorando o giocando anziché passarci in mezzo.
- Imparare ad aspettare.
- Non interrompere gli altri mentre stanno parlando.
- Rispondere al telefono con garbo e cortesia.

I modelli di comportamento

Per imparare le buone maniere, i bambini devono vedere che anche i loro genitori, i loro fratelli maggiori e i loro amici le seguono con coerenza. L'esempio che diamo attraverso il nostro comportamento è più efficace di qualsiasi parola. I piccini assorbono tutto quello che ci vedono fare, soprattutto quando sono molto piccoli, e ben presto iniziano a parlare e ad agire come noi. Siamo i loro modelli.

Tenendo presente che vostro figlio verrà influenzato profondamente dalle persone circostanti, scegliete con cura i bambini e gli adulti con cui passerà il suo tempo. Evitate le situazioni chiassose e caotiche in cui gruppi numerosi di bimbi vengono sovrastimolati e, in genere, si comportano in modo maleducato.

Selezionate i compagni di giochi di vostro figlio. Se trascorre del tempo con una famiglia che permette ai bambini di devastare la casa, non meravigliatevi se riprodurrà quel comportamento anche quando è con voi. Prestate attenzione al modo in cui i genitori dei possibili compagni di giochi accudiscono i loro piccini. Li ignorano oppure parlano al telefono in mezzo al caos? Non spetta a voi giudicare le altre famiglie e il loro comportamento, ma è vostro dovere fare le scelte più idonee per vostro figlio.

IN PRATICA Apprendere gentilezza, cortesia e buone maniere

I bimbi imparano con l'esempio, ma anche i giochi di ruolo sono uno strumento delicato per insegnare le buone maniere. Proponete loro questi esercizi in un momento di calma invece di usarli per sottolineare gli errori.

Presentazioni
Insegnate a vostro figlio il modo migliore per accogliere gli ospiti a casa vostra.

Premura ed empatia
Incoraggiate il bambino a manifestare interessamento per un amico turbato.

Buone maniere a tavola
Il piccino può imparare a tirare fuori la sedia e a rimetterla a posto, nonché a sedersi in modo corretto.

Coordinazione e controllo
Allenandosi a camminare piano lungo una linea, il bambino affina l'equilibrio e la coordinazione.

Trasporto sicuro
Insegnate al bimbo a portarvi qualcosa tenendola con entrambe le mani, e poi a posarla correttamente.

Ciao ciao
Il piccino inizierà a imparare le regole dell'amicizia se gli mostrerete come salutare qualcuno con affetto.

risolvere i problemi al tavolo della pace

Quando i bambini hanno bisogno di aiuto per superare le difficoltà, avviateli al tavolo della pace.

Di tanto in tanto, i bambini litigano con i fratelli o i compagni. Il motivo può essere banale come un turno di gioco oppure importante come un'amicizia. Talvolta i piccini arrivano al punto di essere troppo arrabbiati per ragionare. È qui che entra in scena il tavolo della pace, un luogo dove possono calmarsi seguendo una procedura che mette subito fine al diverbio.

Si tratta solitamente di un tavolo a misura di bambino con due sedie, una campanella e un fiore o un ornamento che simboleggi la pace, magari una rosa, una colomba o un rametto d'ulivo. Se non c'è molto spazio, andranno benissimo due sedie accostate, un tappeto nell'angolo di una stanza o persino un punto particolare delle scale. Quando i bimbi si sono abituati, può darsi che vadano al tavolo della pace senza bisogno di esortazioni; in altre occasioni, un genitore o un fratello più grande può accorgersi di un alterco in corso e suggerire agli interessati di risolvere il problema al tavolo della pace.

Una volta lì, occorre rispettare una certa procedura. Il bimbo che si sente particolarmente offeso posa una mano sul tavolo e l'altra sul petto, indicando che dirà la verità, che parlerà con il cuore. Quindi guarda l'altro bambino, ne pronuncia il nome e spiega il suo stato d'animo su quanto è appena accaduto e il modo in cui vorrebbe superare il disaccordo.

Poi tocca al secondo e il dialogo prosegue fino al raggiungimento di un'intesa. Se i due litiganti non riescono a trovarla da soli, avranno bisogno di un mediatore, un genitore o un fratello più grande. Se il problema è troppo complicato, possono convocare un consiglio di famiglia, durante il quale tutti i membri ascoltano le due versioni della storia.

Grazie al tavolo della pace i bambini imparano che, a prescindere dalle loro dimensioni, dall'età o dalla posizione all'interno della famiglia, il loro punto di vista verrà ascoltato e riceveranno un trattamento equo. L'insegnamento fondamentale che traggono da queste procedure è la necessità di comporre i litigi con onestà e buona volontà per mantenere un'atmosfera armoniosa e collaborativa nell'ambiente domestico.

Pace e armonia
Il tavolo della pace è utile per insegnare ai bimbi a mantenere un ambiente armonioso e collaborativo.

PASSO DOPO PASSO Facciamo la pace

Il tavolo della pace si può considerare l'esatto contrario dell''angolino del castigo'.
Aiuta i bimbi a far sbollire la rabbia, a calmarsi e a risolvere le divergenze in modo molto più positivo.

Uno
È iniziato tutto con il litigio per un giocattolo, ma ora Gemma e Tom cominciano ad azzuffarsi e non vogliono sentire ragioni.

Due
Gemma e Tom siedono al tavolo della pace nel tentativo di risolvere la disputa.

Tre
Tom posa una mano sul tavolo della pace e si porta l'altra al cuore, spiegando con calma a Gemma quali sono gli aspetti del suo comportamento che l'hanno infastidito.

Quattro
Ora Gemma fa lo stesso, appoggiando una mano sul tavolo e l'altra sul cuore e replicando alle osservazioni che le ha mosso Tom.

Cinque
Quando Gemma e Tom ritengono che le loro divergenze siano state appianate, suonano una campanella insieme per comunicarlo al resto della famiglia.

il controllo della televisione

Il televisore è una delle principali cause di conflitto in molte famiglie. Stabilite alcune regole fondamentali e rispettatele.

I valori e le conoscenze dei bambini riguardo al mondo subiscono da sempre l'influenza di quattro fattori culturali: la famiglia, la scuola, le organizzazioni religiose e i gruppi di coetanei. Oggi, la televisione è un quinto elemento molto potente, che la maggior parte di noi conosce poco e su cui esercita uno scarso controllo. Questo non è certo un fatto positivo, considerando che la TV è diventata la baby-sitter preferita di moltissime famiglie.

I genitori passivi

I bambini e la televisione incontrollata sono fonte di diversi problemi. Le scene violente generano molta preoccupazione, perché, nel giro di un anno, un piccino può vedere migliaia di risse, omicidi, esplosioni e incidenti stradali. I valori e i metodi di risoluzione dei problemi approvati da molti produttori sono senza dubbio diversi dai nostri.

Una preoccupazione ancora più grande è rappresentata dal carattere ipnotico della TV. Molti genitori constatano che i loro figli siedono per ore davanti ai cartoni animati del sabato mattina. Naturalmente, restano immobili a guardare le immagini per lunghi periodi, immersi in una vera e propria trance. La televisione è tutt'al più un'esperienza passiva. Non richiede alcuna riflessione, alcuna fantasia e alcuno sforzo. Certi programmi per ragazzi sono ottimi, ma la maggior parte delle trasmissioni non lo è affatto.

L'introduzione delle regole

È bene somministrare la TV con attenzione, in piccole dosi programmate. I piccini non hanno bisogno del televisore per divertirsi. Stabilite alcune regole fonda-

> "È bene somministrare la TV in piccole dosi programmate; potete limitare il numero di ore al giorno."

mentali che vi sembrino sensate, decidendo quali programmi mostrare ai vostri figli e limitando il numero di ore giornaliere che possono trascorrere davanti allo schermo. Offrite loro la scelta più ampia possibile: "Puoi scegliere tra i seguenti programmi, ma puoi guardarne soltanto tre al giorno. Che cosa vuoi vedere oggi?".

Alcuni genitori valutano l'adeguatezza della televisione commerciale a seconda dei casi. Scegliete programmi dal contenuto educativo ma, ancora una volta, permettete ai piccini di guardarli per un numero limitato di ore. Alcuni programmi sono validi, ma hanno un contenuto complesso o inquietante. In queste circostanze, è meglio che l'intera famiglia li guardi insieme e discuta gli argomenti trattati in un secondo momento.

Un piacere condiviso
Guardare la TV con i bambini crea un'esperienza condivisa e vi permette di rispondere immediatamente alle loro domande.

la gestione dello *screen time*

Ormai esistono dispositivi e app così semplici che persino i più piccini possono usarli con il tocco di un dito.

GLI USI *SMART*

La scelta di app che favoriscano le attività e gli interessi del bambino nella vita reale renderà significative e appropriate le sue prime incursioni nel mondo digitale.

- Mostrategli l'icona delle fotografie e lasciategli sfogliare una piccola biblioteca di immagini della famiglia e delle vacanze. Durante le passeggiate, incoraggiatelo a fare fotografie con il suo *smartphone*.
- Coinvolgetelo in una videochiamata con amici e parenti lontani.
- Completate una delle sue storie preferite o rispondete a una delle sue innumerevoli domande sul mondo con la rapida ricerca di un breve video. "Ecco il piccolo orso polare che gioca sul ghiaccio".
- Installate alcune app con semplici puzzle e giochi di abbinamento che abbiano immagini accattivanti.
- Mostrategli come cercare e ascoltare le sue canzoni preferite.
- Inventate insieme delle storie divertenti e registratele, per poi ascoltarle durante i lunghi viaggi in macchina.

Vediamo ovunque bimbi che, sul passeggino, fanno scorrere uno schermo, e bambini in età scolare concentrati su dispositivi digitali, e ci domandiamo se la comunicazione faccia a faccia e gli archi dell'attenzione lunghi siano capacità umane in via di estinzione. Le possibili conseguenze di questo fenomeno preoccupano chi, tra noi, è fermamente convinto che i bambini abbiano bisogno di esperienze concrete, capaci di favorire il loro sviluppo. Siamo certi di poter offrire loro attività reali che stimolino il loro interesse per il mondo senza il bisogno di dispositivi 'smart'.

I modelli di comportamento

I primi modelli di comportamento dei nostri figli siamo noi e i piccoli ci copiano pedissequamente fin dai primissimi giorni. Non c'è da meravigliarsi, dunque, che il bebè abbandoni il giocattolo per prendere il lucido telefono touch-screen che sembra occupare ogni minuto di veglia della mamma. Controllate il vostro uso della tecnologia in casa. Smartphone e tablet sono ospiti fissi alla vostra tavola? La vostra attenzione è dirottata costantemente da ogni e-mail e messaggio che compare sullo schermo? Leggete o guardate la TV con il tablet sulle ginocchia? Uno studio effettuato nelle scuole americane rivela come gli alunni dipendenti dai dispositivi fatichino a comprendere testi che le generazioni precedenti trovavano facili. Dobbiamo assicurarci di non dare ai bimbi un esempio di deficit dell'attenzione.

Con un po' di accortezza, possiamo applicare anche ai dispositivi digitali la regola di proporre un'attività interessante in modo controllato. Quando i bimbi hanno almeno quattro o cinque anni, procuratevi uno smartphone o un tablet robusto e insegnate loro a utilizzarlo con un'attenta spiegazione graduale. Introducete attività che trasformino il dispositivo in uno strumento di scoperta anziché in un giocattolo passivo, e concedete al bambino la libertà di navigare e scegliere a suo piacimento, attenendovi ogni giorno a rigidi limiti temporali.

YOUR CHILD'S **BRAIN**

All'inizio degli anni Settanta, alcuni ricercatori di Dunedin, in Nuova Zelanda, hanno seguito, sin dalla nascita, più di mille bambini in uno degli studi più lunghi mai condotti sulla salute, sullo sviluppo e sul comportamento umano.

Nei primi otto anni di ricerche, i bambini sono stati sottoposti a normali test per misurare la capacità di attenzione.

Quando i soggetti sono stati riesaminati all'età di 32 anni, è emerso che un buon arco dell'attenzione nei primi anni di vita era il principale fattore predittivo del successo futuro.

La vigilanza online
Monitorate le esplorazioni digitali dei bambini e impostate il *parental control*. Aggiungete ai 'preferiti' i siti con contenuti e immagini adeguati.

5

esplorare il vasto mondo

i bambini sono piccoli scienziati

I bimbi sono dotati di una curiosità innata. Incoraggiate vostro figlio a osservare il mondo e a guardarlo con stupore.

Secondo Maria Montessori, tutti i piccini si comportano da 'piccoli scienziati', perché sono impazienti di osservare il mondo e di fare nuove scoperte. I bebè e i bambini piccoli mettono alla prova l'ambiente per vedere che cosa succede, per esempio, quando fanno cadere un giocattolo dal seggiolone o giocano con l'acqua della vasca. Questa curiosità continua a svilupparsi man mano che crescono e diventano più avventurosi nelle esperienze che vivono, dalla preparazione di tortine di fango in giardino alla creazione di un allevamento di vermi in cucina. I bimbi sono dotati di una fervida immaginazione e di un profondo desiderio di esplorare il mondo. Incoraggiate queste doti, spingendoli a scoprire la bellezza e la meraviglia di quanto li circonda.

Il punto di vista infantile

Ricordate che il mondo di vostro figlio è ristretto e vicino al pavimento. Guardando la vita dalla sua prospettiva, ritroverete forse lo stupore dell'infanzia. Tenete presente che l'universo del piccino si muove pian piano. Assecondate il bimbo e mostratevi disposti a fermarvi e a esaminare qualunque cosa catturi il suo interesse, per esempio una coccinella su un fiore. Anziché spazientirvi se il piccino indugia, adattatevi al suo ritmo.

I bambini non imparano tanto ascoltando quanto facendo le cose, un principio valido per i più piccoli, ma anche per i più grandicelli e addirittura per gli adulti. I bambini in tenera età non solo imparano le cose, ma imparano anche a imparare. Nessun libro con parole e illustrazioni che descrivano il mondo intorno a un ruscelletto o sotto un tronco marcio

> "Sforzatevi di vedere il mondo come lo vede vostro figlio: ristretto e vicino al pavimento."

Una diversa prospettiva
I bambini guardano la realtà da un punto di vista differente. Concedete loro tempo e spazio per indagare il mondo naturale.

può sostituire il tempo trascorso esaminando la realtà. I libri e gli altri materiali aiutano i bimbi a riunire nella loro mente quelle impressioni e quelle esperienze indimenticabili, ma sono l'osservazione diretta e l'esperienza concreta a gettare le basi dell'apprendimento.

La vita all'aperto

I piccini amano stare all'aperto, gironzolando qua e là, arrampicandosi sugli alberi o raccogliendo bacche e castagne. Adorano contribuire alla cura del giardino di famiglia e dare da mangiare ad animaletti come anatre, conigli e pulcini. Accumulano ricordi indelebili dei giorni trascorsi a passeggiare nei boschi con i loro ge-

Le sorprese della natura
Raccogliere le castagne in autunno aiuta i bimbi a farsi un'idea sia della generosità della natura sia del ciclo annuale dell'albero.

nitori, a giocare nei torrenti, a scoprire creature marine nelle pozze tra gli scogli e a camminare lungo la spiaggia alla ricerca di conchiglie, legnetti e sassolini.

Probabilmente inaugurerete la vita all'aperto di vostro figlio portandolo a fare brevi escursioni sul passeggino o sulle vostre spalle. Prendetevi il disturbo di inserirlo nel vostro mondo. Anche i più piccoli assorbono i suoni e le immagini della dimensione esterna: le nuvole che attraversano il cielo, i colori e i profumi dei fiori in giardino, il fruscio del vento tra le foglie degli alberi. Tutti questi elementi gli regaleranno ricordi vividi e duraturi. Che sia estate, autunno, inverno o primavera, ogni stagione ha la sua bellezza. Indicate al bambino dei piccoli oggetti: una bella conchiglia, una foglia perfetta, qualche bacca colorata, un minuscolo fiore che spunta tra la neve.

Quando sarà un po' più grande, fategli notare le cose che conosce mentre camminate. "Guarda, la casa della nonna! Che bei fiori ha coltivato davanti alla porta!" oppure "Santo cielo, Mary, vedi il nido che quegli uccellini hanno costruito tra i rami? Un giorno vi deporranno le uova, da cui nasceranno i loro piccoli!". In inverno, quando scorgete le orme di un animale tra la neve fresca, domandategli: "Chissà chi sarà passato di qui?".

IL **CERVELLO** DEL BAMBINO

Secondo alcuni ricercatori americani, i bimbi che passano regolarmente del tempo all'aperto, impegnati in attività come l'escursionismo e il campeggio, sono più predisposti a diventare adulti interessati all'ecologia rispetto ai piccini che raramente vivono in contatto con la natura.

Amministratori del pianeta

Secondo un altro fondamentale principio montessoriano, i bambini sono gli amministratori della Terra e devono imparare a interessarsi di luoghi lontani come le foreste pluviali, le calotte polari e le aree rurali e naturali della città o dei suoi dintorni, oltre a tutelarli per il futuro. Insegnate a vostro figlio il rispetto della vita. In fondo, la nostra esistenza dipende dal delicato equilibrio del mondo naturale. Per esempio, i piccini imparano spesso a considerare la terra 'sporca', come se fosse qualcosa di brutto. Spronateli a rispettare il terreno, insegnando loro che è buono e ricco e che alimenta tutta la vita sul nostro pianeta.

Sottolineate la necessità di trattare con cura qualsiasi essere vivente, esortando il bimbo a non strappare fiori e foglie per poi buttarli via, ma a utilizzarli per uno scopo proficuo. Di quando in quando, non c'è nulla di male nel raccogliere i fiori di campo per poi pressarli o metterli in un vaso pieno d'acqua affinché resistano il più a lungo possibile, ma è bene non esagerare.

Esortate il piccino a camminare con dolcezza sulla Terra, prendendo soltanto ciò che gli serve. Incoraggiatelo a godersi la foresta e i prati senza inquinarli e senza disseminarli di rifiuti. Se vedete della spazzatura per terra, raccoglietela e portatevela dietro finché avrete la possibilità di gettarla via. Questo vale soprattutto per le bottiglie, le lattine, i vetri rotti e i sacchetti di plastica, che, oltre a essere antiestetici, possono anche far male agli animali. Per recuperare vetri e lattine senza correre rischi, procuratevi una vecchia borsa di tela, e quando vostro figlio sarà più grande, datene una anche a lui.

lavorando nel giardino di casa

Dandovi una mano in giardino, vostro figlio perfezionerà le sue capacità pratiche e soddisferà il suo desiderio di scoperta.

Quando progettate il vostro giardino, ritagliate uno spazio in cui il bimbo sia libero di sperimentare e coltivare qualcosa. Sin dalla più tenera età, è possibile coinvolgere i piccini nel ciclo delle stagioni, insegnando loro a piantare i semi al chiuso o in una cassetta all'inizio della primavera, a trapiantare le piantine nel terreno quando il rischio del gelo è passato, a curare il giardino e a osservare la crescita di frutti e ortaggi fino al momento della raccolta. Per i bambini, andare nell'orto e tornare con un cesto di lattuga, di cipolle o di pomodori che hanno contribuito a coltivare è qualcosa di meraviglioso. Convincerli a mangiare le verdure è raramente un problema se le hanno piantate, raccolte e lavate con le loro mani.

Non dimenticate di seminare anche delle erbe aromatiche, perché il profumo della salvia, del finocchio e del basilico fresco dovrebbe essere uno dei ricordi infantili di vostro figlio. La possibilità di aggiungere colore, profumo e sapore agli alimenti è un ulteriore vantaggio.

> "Convincere i piccini a mangiare le verdure è raramente un problema se le hanno piantate con le loro mani."

Un'attrezzatura a misura di bimbo

Potete acquistare carriole, annaffiatoi e utensili da giardino delle dimensioni giuste per vostro figlio. Collocate delle rastrelliere in garage o nella rimessa per conservare quegli oggetti speciali, e insegnate al piccino a lavarli e a rimetterli al loro posto quando ha finito di lavorare. Procurategli anche dei guanti da giardinaggio e dei grembiuli resistenti. Comprate dei piccoli cestini per contenere i fiori, i frutti e gli ortaggi che il bimbo raccoglierà quando saranno maturi e pronti per essere consumati.

Quando lo spazio è limitato

Se non avete un giardino, ripiegate sulle cassette per i fiori o create un mini-orto in un contenitore. Con l'irrigazione, il terriccio giusto e una posizione soleggiata, otterrete una straordinaria quantità di prodotti anche in uno spazio ristretto. Erbe aromatiche, fagioli, fragole, peperoni e pomodori sono facili e comodi da coltivare. Uno dei maggiori vantaggi offerti dal contenitore è che il giardino si trova all'altezza ideale per i bambini piccoli.

Il potere dei fiori

Riservate un po' di spazio ai fiori, sia alle varietà selvatiche che crescono nella vostra regione sia alle tradizionali specie annuali e perenni che danno un tocco di bellezza ai nostri giardini e uno di eleganza alla nostra tavola. Insegnate a vostro figlio a raccoglierli e a disporli in vasetti da distribuire in giro per casa. I più piccini preferiscono spesso mettere un unico fiore in un vaso minuscolo che creare composizioni di grandi dimensioni. Potete usare delle bottiglie di bibite o quelle piccole di acqua minerale: alcune, non di plastica, sono davvero raffinate.

Conservate le attrezzature da giardino di vostro figlio su un ripiano basso e facilmente raggiungibile.

Un giardiniere in erba
Piantare i bulbi è un'attività appagante per i più piccini. Insegnate loro a controllare se le piante hanno bisogno di essere annaffiate.

Pulizie d'autunno
Quando fa freddo, i bimbi amano svolgere compiti vigorosi come rastrellare le foglie.

Oltre a tanti piccoli contenitori, vi serviranno un paio di cesoie da bambino per tagliare i fiori, una brocca per aggiungere l'acqua, un imbuto per versare il liquido nei vasetti e una spugna per pulire eventuali schizzi. Se volete, potete anche procurarvi alcuni graziosi centrini da collocare sotto i vasi.

Le composizioni floreali consentono al bimbo di portare la natura dentro casa, abbellendo i locali e permettendogli di conoscere meglio vari fiori e piante.

Il vocabolario del giardiniere

Insegnate al piccino i nomi dei fiori, dei frutti e degli ortaggi di stagione. Prima che ve ne rendiate conto, sarà in grado di usare il lessico adatto. Potete anche elencargli alcuni aggettivi che descrivano quanto vede: rosso, grande, piccolo, lungo, ruvido, liscio eccetera. Molte piante si prestano inoltre all'uso pratico in casa e in cucina. L'aloe, per esempio, è un rimedio miracoloso contro le ustioni e le escoriazioni. Appendete nelle stanze delle belle immagini di fiori e piante, scegliendo sia fotografie artistiche sia riproduzioni di dipinti famosi. La biblioteca di vostro figlio dovrebbe contenere alcuni dei meravigliosi libri disponibili in commercio sui fiori, sugli animali e sul mondo della natura. Molti bimbi amano ritrovare tra le pagine di un volume le illustrazioni dei fiori e delle foglie che hanno raccolto in giardino.

L'artigianato naturale

Non dimenticate che molte attività artigianali usano semi, fiori, foglie e fili d'erba. I bambini adorano realizzare creazioni artistiche con i materiali offerti dalla natura. Possono imparare a usare una piccola pressa per seccare fiori e foglie e incollarli su un album oppure intrecciare i fili d'erba e costruire minuscoli cestini con aghi di pino. Le ghiande e le pigne sono molto versatili (per esempio, si prestano alla fabbricazione di decorazioni da tavola), mentre i rami di molte latifoglie hanno una splendida corteccia, ideale per i ricalchi e i collage naturali.

I NOSTRI AMICI ANIMALI

Per educare vostro figlio ad amare gli esseri viventi, non vi è nulla di meglio che accoglierne qualcuno in famiglia. Gli animali domestici insegnano il senso di responsabilità. Anche i più piccini sanno lavare una ciotola e riempirla di cibo, mentre i più grandicelli possono imparare a pulire gabbie e recinti o a portare a spasso il cane. Se la vostra casa lo consente, prendete in considerazione anche i piccoli animali da allevamento, come pulcini e conigli, oltre a cani e gatti.

Gli animali sono i nostri compagni di viaggio sulla Terra. Se in passato si credeva che l'uomo avesse il diritto di dominare la natura, oggi sappiamo che esiste un legame di interdipendenza tra umani, animali e piante. Un numero sempre maggiore di persone ritiene che gli animali meritino gentilezza e protezione dalla crudeltà. Questi atteggiamenti nascono all'interno della vostra famiglia.

una passeggiata nel bosco

Trasformate le passeggiate in campagna o nei parchi in una costante della vostra vita familiare.

Potete rendere entusiasmanti le passeggiate stabilendo un obiettivo, magari affidando ai bambini il compito di raccogliere campioni specifici, per esempio diversi tipi di fiori, foglie, sassi o erbe. Ciascun bimbo può portare un sacchettino di carta per infilarvi i suoi esemplari. Spiegate loro che un esemplare è un campione di qualcosa che giudicate interessante e che volete conoscere meglio. Può essere utile porre un limite al numero di campioni raccolti da ogni piccino (tre o cinque al massimo).
La videocamera del cellulare è utile per fotografare animali e uccelli, cortecce e funghi interessanti, e ragni sulle loro tele.

Mentre camminate, illustrate ai vostri figli ciò che stanno vivendo. Parlate del tempo e delle stagioni. Che cosa notano? Com'è il cielo? C'è il sole? È nuvoloso? Indicate altre cose che possono sfuggire alla loro attenzione, per esempio il colore delle foglie sugli alberi e altre caratteristiche stagionali. Strada facendo, invitateli a restare in silenzio di tanto in tanto per ascoltare i suoni della natura e guardarsi intorno. Non lasciatevi scoraggiare dal brutto tempo. Ai bambini non fa male avvertire sulla faccia la sensazione del vento o della pioggia. Potete aspettarvi che percorrano un chilometro e mezzo per ogni anno di età, perciò non sottovalutate la loro resistenza. Le soste per spuntini e picnic offriranno loro la possibilità di riposarsi e di studiare il mondo circostante.

La tutela della natura

Una volta tornati a casa, trasferite i campioni su un telo di plastica e chiedete ai bimbi di descriverveli. Sono viventi o non viventi? Dove li hanno trovati? Che cosa sanno al riguardo? In altre occasioni, durante la passeggiata, concentratevi sul tempo, sugli uccelli o sui suoni del bosco, annotando su un blocco ciò che i bambini vedono e sentono. Spiegate loro che se tutti continuassero a raccogliere campioni naturali, alla fine non ne resterebbe più nemmeno uno.

Lontano da sentieri battuti
I bimbi possono scavalcare i ceppi, giocare nei ruscelli e godersi la sensazione delle foglie fruscianti e del fango viscido sotto i piedi.

IN PRATICA Le attività all'aria aperta

Non lasciatevi scoraggiare dal maltempo. Percorrendo un itinerario familiare al parco o in campagna, i bimbi si fanno un'idea delle stagioni e di relativi cambiamenti.

Maestre foglie
Le foglie sono una fonte di informazioni sulle stagioni. Chiedete al bimbo di descriverne forma, colore e consistenza.

Creature viventi
Un verme che striscia su una foglia sarà motivo di grande interesse e divertimento per il vostro piccolo scienziato.

Guarda da questa parte
Insegnategli a usare il binocolo per osservare gli uccelli. Portate con voi un manuale per identificare le specie.

Altezze vertiginose
Camminate alla velocità di vostro figlio, consentendogli di fermarsi e di assorbire ciò che vede e sente ogni volta che lo desidera. Sedersi e alzare lo sguardo verso i rami di un albero può offrirgli una diversa prospettiva.

Imparare a osservare
Concedetevi il tempo di fermarvi e di esaminare le cose che incuriosiscono i piccini. Non sovraccaricateli di informazioni riguardo alle loro scoperte, bensì invitateli a descrivervi ciò che vedono.

CAMMIN FACENDO…

Programmate una passeggiata tranquilla, concedendovi un po' di tempo per alcune di queste attività.
Rincorrete uno scoiattolo • adottate un albero • rotolatevi tra le foglie • sedete in riva a un lago e osservate le oche • cercate le fragoline di bosco • raccogliete sassi dalla forma insolita • cercate i fiori di campo (non raccoglieteli, bensì osservateli, studiateli e imprimeteveli nella memoria) • appoggiate la schiena al tronco di un albero e alzate gli occhi verso i rami • ascoltate il vento • osservate gli uccelli nei loro nidi • seguite una farfalla • studiate le ombre proiettate dal sole • imparate i nomi degli alberi • esaminate le forme delle foglie • usate del carboncino e della carta adatta per ricalcare le cortecce • raccogliete semi • cercate minuscoli alberelli • raccogliete le pigne • cercate le piste degli animali • trovate un albero caduto il cui legno ha iniziato a marcire • guardate che cosa ci vive dentro • sedete in silenzio con gli occhi chiusi • ascoltate i richiami degli uccelli • cercate piccole felci • assaporate il profumo del vento • trovate una piccola valle in cui potrebbero vivere le fate • fate un picnic in un prato • correte giù per una collina con le braccia come le ali di un aeroplano • fate galleggiare delle barchette di pop-corn su un ruscello • raccogliete eventuali rifiuti dal sentiero • cercate i funghi, ma non toccateli e non mangiateli!

create il vostro museo naturale

Quando vostro figlio porta a casa degli esemplari, aiutatelo a organizzare la sua area della natura, in cui osservare e imparare.

Quasi tutti i bimbi avvertono il forte desiderio di portare a casa qualche campione naturale e saranno entusiasti se accoglierete i loro 'reperti'. In base allo spazio disponibile, un'area della natura nella cameretta può comporsi di un semplice tavolo dei 'campioni' oppure di un acquario e un terrario capaci di ospitare le rane, gli insetti, gli scarabei, le tartarughe e gli altri animaletti che il piccino ha raccolto. A casa nostra, avevamo fondato il museo di storia naturale "Dew Drop Inn", "Locanda della goccia di rugiada". In primavera e all'inizio dell'estate, vi sistemavamo vasetti contenenti fiori di campo e alberelli trovati nei boschi vicini. Ci procuravamo dei bruchi da tenere in un terrario chiuso per vedere le crisalidi che si formavano e le falene o le farfalle che ne uscivano. Raccoglievamo le uova di rana e le osservavamo tramutarsi in girini prima di liberare questi ultimi nello stagno poco distante. Di tanto in tanto facevamo persino nascere gli uccellini in un'incubatrice. E, naturalmente, una cucciolata di gattini o cagnolini era sempre il pezzo forte dell'anno.

> "I più grandicelli amano fotografare e disegnare la natura, dai paesaggi sconfinati a un unico fiore..."

I nostri bambini studiavano i fiori, confrontando le varie specie e contando i petali e gli stami. In autunno, raccoglievano noci, frutti e bacche, facendo caso a com'erano distribuiti e a quali animali se ne cibavano. Portavano degli esemplari al museo di storia naturale per l'identificazione, l'etichettatura e l'esposizione. Inoltre, raccoglievano e pressavano fiori e foglie, applicandoli a cartoncini o riunendoli in un album. Utilizzavano piccole mensole per esporre i reperti: nidi e uova abbandonati, pelli di serpente, frammenti di albero e campioni di corteccia, bozzoli, insetti incorniciati e ossa di animali in buono stato.

Terrari e acquari ben chiusi ospitavano molte famiglie di tritoni, formiche, camaleonti, tartarughe e pesci persici che soggiornavano da noi per brevi periodi. Le scatole delle radici (fioriere con una parete di vetro per osservare il processo di crescita) riscuotevano sempre un grande successo.

Iniziate in piccolo

Procuratevi l'occorrente per dare il via a questa attività: lente d'ingrandimento, un semplice microscopio, scatole e barattoli per gli insetti, manuali per l'identificazione, cartoncini per l'etichettatura e album. Man mano che l'interesse del bimbo aumenta, potete aggiungere attrezzature più sofisticate come un formicario, scatole per le radici, un terrario, un acquario e un'incubatrice. Collocate all'aperto mangiatoie e casette per gli uccelli. In commercio sono disponibili kit per farfalle che porteranno le crisalidi a casa vostra nel giusto periodo dell'anno.

Quando vostro figlio sarà un po' più grande, magari vorrà tenere un diario delle osservazioni fatte in casa e sul campo. Incoraggiatelo a scrivere poesie e storie che esprimano la bellezza e il senso di meraviglia di quanto lo circonda. I più grandicelli amano spesso disegnare e fotografare la natura, dai paesaggi sconfinati a un unico fiore, foglia, piuma o pigna posato sulla mensola della natura nella loro cameretta.

Lo spione
Oswin esamina i suoi esemplari con la lente d'ingrandimento.

giochi basati sulla natura

Esistono molti bellissimi giochi da proporre durante le feste tra bambini. Sono attività che ampliano le loro conoscenze sul mondo.

Quando invitate un gruppo numeroso di bambini per un'occasione speciale come una festa di compleanno, organizzate giochi che li divertano e, al tempo stesso, allarghino le loro conoscenze su un determinato aspetto del mondo.

Il gioco dell'abbeveraggio

Il numero di giocatori va da otto in su, ed è consigliabile giocare in giardino per evitare di bagnare il pavimento di casa. Spiegate ai bimbi che dovranno fingere di essere animali, per esempio antilopi, che scendono allo stagno di abbeveraggio durante la notte. Un piccino fa il predatore, per esempio un leone. Siede al centro di un grande cerchio di bicchieri d'acqua. È bendato e 'armato' di spruzzino. Una alla volta, le antilopi si avvicinano per bere, raccogliendo un bicchiere e portandolo al loro posto. Non riuscendo a vederli, il leone deve fare affidamento sul suo udito. Se sente un'antilope che si avvicina, può fare un balzo, una volta sola, spruzzando l'acqua in direzione del rumore. Il giocatore, se colpito, deve abbandonare il gruppo. Il gioco finisce quando ogni antilope si è abbeverata o è stata 'catturata'.

Il gioco della catena alimentare

È una variante del chiapparello, studiata per insegnare ai bambini i concetti fondamentali di una semplice catena alimentare. Scegliete una catena alimentare con quattro livelli e descrivetela al gruppo. Per esempio, le piante vengono mangiate dalle cavallette, che a loro volta vengono mangiate dalle rane, che a loro volta vengono mangiate dai falchi, completando così il ciclo.

- Dividete i bimbi in tre gruppetti. In un gruppo di dieci, indicate sette cavallette, due rane e un falco.
- Date a ogni cavalletta un sacchettino di plastica, che rappresenta la minuscola pancia dell'insetto, e legate una larga striscia di nastro marrone sul braccio di ognuna di loro.
- Date a ciascuna rana un sacchetto più grande, che rappresenta la pancia più capiente dell'anfibio,

Preda e predatore
Il leone siede in silenzio, aspettando di catturare l'antilope durante il gioco dell'abbeveraggio.

Un chiapparello diverso
Ciascun 'animale' ha un nastro sul braccio e un sacchettino di popcorn per rappresentare il cibo di cui si nutre.

e legate una larga striscia di nastro arancione sul braccio di ognuna di loro.

• Date al falco un grosso sacco, che rappresenta la pancia ancora più grande dell'uccello, e legategli una larga striscia di nastro verde al braccio.

• Ora sparpagliate del pop-corn sul prato o sul pavimento per simboleggiare il cibo vegetale delle cavallette. Spiegate a queste ultime come 'mangiare' accovacciandosi per raccogliere un pezzettino alla volta e infilarlo nel sacchetto. Invitate le rane a rincorrere le cavallette e, se ne acchiappano una, possono trasferire i pop-corn dalla pancia degli insetti (il sacchettino di plastica) nella loro, e la cavalletta in questione viene esclusa dal gioco. Chiedete al falco di inseguire le rane, e, ancora una volta, se ne cattura una può trasferire il contenuto della pancia dell'anfibio nella sua, e la rana in questione viene esclusa dal gioco. Dopo cinque minuti, contate le cavallette e le rane che, essendo sopravvissute alla catena alimentare, sono ancora in gara.

In cima alla catena alimentare
Il falco, con il nastro verde, cattura una rana e le ruba il sacchettino di pop-corn.

Il gioco della ragnatela della vita

Questa è un'ottima attività per le giornate piovose e richiede la presenza di dieci o più giocatori. Vi serviranno alcuni peluche o immagini di animali per rappresentare le varie creature della ragnatela della vita (un uccello, un verme, una rana, una tartaruga, un pesce, un'ape, una mucca e qualunque altro essere vivente vogliate aggiungere). Dovrete procurarvi anche le illustrazioni di un albero, un prato e un fiore, oltre a quella di un oceano per simboleggiare l'acqua e a lunghe corde di diverso colore.

Invitate tutti a sedere in cerchio e chiedete: "Chi vuole fare il sole? Il sole siederà qui al centro". Il bimbo che desidera interpretare questo ruolo indossa qualcosa di giallo. "Ora, quale pianta o animale vuoi essere, Olivia? Oh, il lupo! Bene. Prendi il peluche del lupo e tienilo in grembo". Quando ogni piccino ha scelto una pianta, un uccello o un altro animale, rivolgetevi a ciascuno singolarmente. "Chi ha bisogno del sole? Gli uccelli hanno bisogno del sole? Sì!". "Chi ha bisogno dell'acqua? Gli uccelli hanno bisogno dell'acqua? Sì! Gli elefanti hanno bisogno dell'acqua? Sì!".

Mentre associate ciascuna pianta o animale a ciò di cui necessita, tendete un pezzo di corda tra i due. Creerete così una ragnatela della vita che, alla fine del gioco, sarà molto bella e complessa. "Vedete, tutti abbiamo bisogno l'uno dell'altro".

rendere vive le culture

Facendo conoscere varie culture a vostro figlio, stimolerete la sua curiosità e il suo stupore e dissiperete i pregiudizi.

Tutta l'umanità fa parte di una famiglia globale. Condividiamo le medesime esigenze, e gli elementi che ci accomunano sono più numerosi di quelli che ci dividono. Oggi quasi tutte le comunità sono mosaici di molteplici elementi etnici e culturali. Il nostro compito di genitori è insegnare ai bimbi a vivere in pace e in armonia con tutti i popoli. I pregiudizi non sono innati, bensì acquisiti, e il nostro primo dovere è assicurarci che i bimbi crescano con una mentalità aperta e tollerante, stabilendo per primi interazioni amichevoli e positive con persone di ogni cultura. Possiamo farlo presentandoli a individui di diversi ambienti culturali ed etnici, incoraggiando le opinioni e le idee positive, e anche esplorando e vivendo le culture di altri Paesi.

Gli studi culturali

Informarsi su luoghi lontani, sognare, immaginare e sperare di andarci prima o poi, ha sempre consentito a grandi e piccini di abbracciare tutto il mondo e di interessarsi al suo benessere. Non mi vengono in mente finalità educative più importanti di questa. Negli istituti montessoriani, gli studi culturali guidano i bambini oltre la tolleranza, fino alla comprensione, all'apprezzamento e al rispetto di culture e Paesi diversi. Per raggiungere questo obiettivo, dobbiamo rendere vivi i concetti che sono estranei all'esperienza dei bambini. Le scuole montessoriane si servono di esperienze multisensoriali concrete, seguendo le festività di tutto il resto del pianeta. Concentriamo i nostri studi su un tema o un argomento alla volta, esaminandolo da varie prospettive. Per esempio, quando studiamo l'Africa, guardiamo il territorio, il clima, le piante e gli animali che ci vivono, le persone e le loro abitazioni, il cibo, i vestiti, gli stili di vita, le storie e le leggende, l'arte, la musica, le danze e le feste tradizionali.

Potete adottare più o meno lo stesso metodo a casa vostra. I bambini piccoli si interessano agli altri bambini. Amano ascoltare storie su come i bimbi vivono in altri Paesi e adorano esaminare nuove produzioni artistiche e ascoltare nuova musica. Imparano volentieri canzoni e danze popolari di tutto il mondo.

Celebriamo la diversità
Cercate di creare un ambiente domestico in cui la scoperta del mondo e delle sue numerose culture sia affascinante e libera da pregiudizi.

Travestirsi è divertente e lascia ricordi duraturi. Il cibo offre un'esperienza sensoriale e molti piccini assaggeranno volentieri qualcosa di nuovo se hanno anche contribuito a prepararlo.

Quale cultura?

Iniziate gradualmente, concentrandovi per il primo anno su un solo Paese. Può essere utile cominciare con un video o un bel libro illustrato. Semplici attività come la collezione di immagini e cartoline sono un ottimo primo passo.

Tenete presenti i punti elencati qui sotto.

- Innanzi tutto, ammettete di non sapere tutto riguardo alla cultura che state studiando ma che, proprio come vostro figlio, volete conoscerla meglio.
- Stimolate la curiosità e il senso dell'avventura. Fingete di essere in partenza per quel Paese sconosciuto con i vostri figli e di dovervi preparare.
- Parlate sempre della cultura in questione con attenzione e rispetto. I piccini captano le vostre emozioni soggiacenti.

Le matrioske
Alcuni souvenir consentono anche di dedicarsi a utili attività sensoriali.

- Assicuratevi che tutte le informazioni che fornirete ai bambini siano esatte e accurate.
- Trovate semplici formule di saluto ed espressioni di cortesia nella lingua del Paese scelto ed esercitatevi a pronunciarle insieme.

Allestite una mostra

Nei libri o in Internet, raccogliete tutte le informazioni possibili riguardo alla nazione che avete scelto. Prendete in prestito manufatti da amici e parenti che sono originari di quel Paese o che ci sono stati: alcuni saranno disposti a prestarvi opere d'arte, registrazioni di musica straniera o costumi tradizionali autentici. Potete esporli per un breve periodo a casa vostra prima di restituirli.

Se siete così fortunati da poter visitare il Paese in esame, create una collezione mentre vi trovate laggiù. Cercate monete, banconote e francobolli, giornali e riviste, poster e cartoline raffiguranti città, monumenti famosi e scene di vita quotidiana; biglietti di treni e autobus, biglietti d'ingresso a musei e gallerie, piccoli esempi di produzione artistica e artigianale (vasellame, cestini, intagli, statuine, poster, modellini di case o barche e bambole vestite con il costume nazionale). Procuratevi cappelli e costumi folcloristici che i piccini possano provare.

Allestite una piccola area, un tavolo o una mensola, su cui esporre i vostri tesori: bambole, giocattoli, produzioni artistiche, libri, modellini di case, collezioni di fotografie, monete e così via. Dietro agli oggetti esposti, è utile avere una parete libera per appendere un poster o un dipinto. I vostri figli e i loro amichetti dovranno trovare la mostra culturale interessante e affascinante. Potete anche arricchirla con fiori, sculture, bandiere, ventagli ornamentali, lanterne di carta e tessuti dalle tinte vivaci.

LE FESTE CULTURALI

Sicuramente la vostra famiglia celebrerà ogni anno alcune ricorrenze: sia le principali feste religiose e culturali che fanno parte della tradizione familiare, sia quelle tipiche del Paese in cui vivete.

Ecco un elenco di quelle italiane:

- Capodanno
- Epifania
- San Valentino
- Carnevale
- Festa della donna
- Festa del papà
- Pasqua
- Lunedì dell'Angelo
- Anniversario della liberazione
- Festa del lavoro
- Festa della mamma
- Festa della Repubblica
- Ferragosto
- Festa dei nonni
- Halloween
- Ognissanti
- Festa dell'Immacolata
- Santa Lucia
- Natale
- Santo Stefano
- San Silvestro

un compleanno montessoriano

Le scuole montessoriane organizzano una festa speciale che potete facilmente riprodurre a casa vostra per il compleanno di vostro figlio.

Le feste di compleanno tradizionali si riducono spesso ai regali, ai dolciumi e ai ricordini per gli invitati. Le scuole montessoriane adottano un approccio diverso, nel tentativo di conferire all'evento un po' più di significato e valore cerimoniale. I bambini prendono familiarità con la Terra e il Sole, imparando che un anno è il periodo di tempo che la prima impiega per ruotare una volta intorno al secondo. Ascoltano inoltre la storia della loro vita, anno dopo anno, dalla nascita al presente.

> "Un compleanno montessoriano conferisce all'evento un po' più di significato e valore cerimoniale."

Il calcolo degli anni

Vi serviranno un piccolo mappamondo per rappresentare la Terra, una candela o una lampada per simboleggiare il Sole, e un cerchio (o, meglio ancora, un'ellisse) disegnato sul pavimento con nastro adesivo o tracciato con un lungo pezzo di filo per indicare l'orbita della Terra intorno al Sole. Annotate gli avvenimenti importanti della vita di vostro figlio fino ad ora, e raccogliete foto che lo ritraggano alle diverse età per raccontargli la storia della sua esistenza.

Il giorno del compleanno, riunite la famiglia intorno alla corda, lasciando molto spazio affinché il festeggiato possa camminare liberamente. Prendete la candela (o la lampada) e il mappamondo, tenendo pronti anche gli appunti e le fotografie. Posizionate la candela al centro del cerchio e accendetela, ricordando ai piccini che il fuoco è caldissimo e che devono limitarsi a guardare. Precisate: "Questa candela (o

PASSO DOPO PASSO La cerimonia

Nella cerimonia, i bimbi imparano che la loro età è legata al viaggio della terra intorno al sole.

Uno
La candela rappresenta il Sole, il mappamondo la Terra. Le foto raccontano la storia dei primi quattro anni di Mia.

Due
La mamma di Mia accende la candela al centro del cerchio di corda e spiega che la Terra impiega un anno per completare una rotazione intorno al Sole.

Tre
Mia porta la Terra intorno al Sole per quattro volte. Alla fine di ogni giro, la mamma descrive Mia a quell'età e distribuisce alcune foto.

Quattro
Gli amichetti cantano una canzoncina di auguri, poi Mia spegne la candela per segnalare la fine della cerimonia. È il momento di fare merenda e di giocare.

questa luce) rappresenta il Sole, lo stesso Sole che vediamo nel cielo. Il Sole è una grande sfera di fuoco che continua a bruciare senza spegnersi".

Prendete il mappamondo e camminate pian piano lungo la riga tracciata sul pavimento, aggiungendo: "Questo mappamondo simboleggia la Terra, il pianeta su cui viviamo. La Terra ruota intorno al Sole e impiega molto tempo per completare il suo percorso. Ogni volta che conclude un giro, è passato un anno. Alla Terra occorre un anno per girare una volta intorno al Sole". Ora date il mappamondo al festeggiato e chiedetegli di prepararsi a camminare lentamente lungo la linea come avete appena fatto voi. Iniziate a raccontare la sua storia, più o meno così: "Oggi è il compleanno di Mia, e lo festeggeremo in un modo speciale. Mia prenderà il mappamondo e camminerà piano lungo il cerchio per quattro volte, perché ha quattro anni.

"Mia sta per cominciare il suo viaggio con la Terra intorno al Sole. Non è ancora nata. Mamma e papà la aspettano con impazienza, e nonna e nonno Willis sono venuti ad abitare da noi per aiutarci con la nuova bambina dopo la sua nascita. Mia, puoi fare un passo avanti, per favore?". La piccina obbedisce. "Ora Mia è nata. È minuscola. È grande così, tutta rosa e avvolta in una coperta. Mamma e papà sono così orgogliosi. Ecco qui una foto di Mia appena nata.

"Mia, ti dispiace camminare lungo tutto il cerchio? Fermati quando arrivi di nuovo in quel punto. Mia ha un anno e festeggia il suo primo compleanno con la sua famiglia...". Continuate la storia in questo modo. Quando la bambina ha percorso il cerchio per il numero di volte corrispondente alla sua età, dite: "Ora Mia ha quattro anni e oggi è il suo compleanno. La Terra ha girato intorno al Sole per quattro volte. Sono trascorsi quattro anni da quando Mia è nata". Potete concludere la cerimonia cantando una canzoncina di auguri e invitando il bimbo a spegnere la candela.

La scatola dei ricordi
Conservate i vostri ricordi per ciascun anno in apposite scatole, così il bambino potrà esaminarli e imprimersi nella mente le immagini di sé stesso a diverse età.

La scatola del tempo

Alcune famiglie amano creare una 'scatola' del tempo piena di oggetti che i bambini possano guardare per ricordare i dodici mesi appena passati: fotografie, un video di famiglia, una lettera di mamma e papà e magari qualche oggetto artistico o di altro tipo che il bimbo decide di aggiungere. La scatola va conservata in un posto accessibile affinché vostro figlio possa aprirla ogni volta che lo desidera.

Quando ero più piccola
Mia mostra al suo amico Ali alcune sue fotografie scattate a età diverse.

6

il tempo giusto per imparare

le basi per apprendere

Il periodo sensitivo del linguaggio inizia alla nascita, e tutti i bambini piccoli rispondono a un ambiente ricco di parole.

Alcuni bimbi entrano nel periodo sensitivo per l'apprendimento delle capacità scolastiche in tenera età, mentre altri non mostrano il benché minimo interesse finché non sono un po' più grandi. Con il giusto approccio potete aumentare le probabilità che vostro figlio voglia imparare con entusiasmo a leggere, scrivere e contare. Questo capitolo spiega come permettere al piccino di svilupparsi al suo ritmo, in un ambiente domestico che gli dia il buon esempio e gli fornisca la stimolazione e il sostegno più adeguati.

I GENITORI INSISTENTI

L'apprendimento non è una gara di velocità. I bambini imparano al loro ritmo e, in genere, più i genitori sono assillanti, più i piccini resistono. I padri e le madri insistenti considerano i figli come un prolungamento della loro condizione di adulti; se il loro bimbo sa leggere a tre anni, significa senza dubbio che hanno svolto bene il loro compito educativo. Ma se il piccino finisce per disprezzare i test, le lezioni, gli insegnanti e i libri di esercizi, che cosa abbiamo ottenuto?

Leggete ad alta voce

Quasi tutti noi regaliamo ai nostri bambini un'ampia scelta di libri. Gli editori comprendono sempre di più l'importanza dei volumi illustrati per l'infanzia e in commercio si trovano pubblicazioni molto valide. Come diceva mia nonna: "Per quanto modesto fosse

> "Appena vostro figlio è in grado di restare seduto e mettere a fuoco, è bene passare del tempo con lui sfogliando libri illustrati."

Le letture di famiglia
Se leggerete con regolarità ai vostri figli, li aiuterete ad amare i libri.

il nostro budget, abbiamo sempre messo da parte qualche soldo per i libri".

Appena vostro figlio è in grado di restare seduto e mettere a fuoco, amerà trascorrere brevi periodi sulle vostre ginocchia, guardando le pagine e ascoltando la descrizione delle illustrazioni. Quando sarà più grande, dedicate ogni giorno un po' di tempo alla lettura, non solo quando è ora di andare a letto, ma tutte le volte che potete. Prestate attenzione ai suoi racconti preferiti e cercate di mostrarvi entusiasti anche se dovrete leggerli all'infinito. I piccini, infatti, assorbono le storie attraverso la ripetizione.

Siate chiacchieroni

Accudendo vostro figlio, descrivetegli ciò che fate. Così assocerete le azioni al linguaggio e aiuterete il bambino ad acquisire un ricco vocabolario. "Adesso ti cambio. Come sei bagnato!" oppure "Adesso ti prendo in brac-

Il dialogo
Parlate a vostro figlio con chiarezza e precisione. I suoi occhi vi diranno se ha compreso il significato delle vostre frasi.

cio. Ecco fatto. Ora ti sollevo sulla mia spalla". Commentate le azioni del piccino via via che accadono. "Devi avere molta sete. Stai bevendo così tanto oggi". "Hai scavato una buca perfetta per quel fiore. Ora puoi piantarlo". Parlate con chiarezza e siate molto precisi in ciò che dite: "Metti tutti i bottoni blu con gli altri bottoni blu". Anche se può capitare che il bimbo non comprenda il significato delle parole, non vi è alcun bisogno di usare a tutti i costi un linguaggio infantile.

È importante, tuttavia, non dare per scontato che il bambino vi capisca. Usate termini ed espressioni semplici e guardatelo negli occhi mentre parlate. Così facendo, riuscirete quasi sempre a stabilire se vi comprende o se è confuso. Distoglie lo sguardo? Spiegategli il significato delle parole se avete l'impressione che non abbia capito. Man mano che la comprensione del piccino migliora, il vostro linguaggio dovrà diventare più complesso sul piano lessicale e sintattico. Insegnategli parole nuove. Spegnete la TV o la radio a meno che non la stiate guardando o ascoltando insieme, perché un ambiente rumoroso ostacola lo sviluppo linguistico.

Quando il bimbo è molto piccolo, aiutatelo a comunicare senza usare le parole. Utilizzate la mimica per raccontare storie o descrivere situazioni. Invitate anche vostro figlio a giocare. "Fai finta di trasportare un cucciolo gigantesco, grande come un cavallo!". "Fai finta di essere un uccello che vola nel cielo. Agita le ali così!". Potete inoltre mimare il significato di molti vocaboli (grande, alto, veloce, lento, sorridere, triste). Questi giochi piacciono anche ai più grandicelli.

> "Quando accudite vostro figlio, descrivetegli ciò che fate. Così assocerete le azioni al linguaggio."

IL **CERVELLO** DEL BAMBINO

Il vocabolario di vostro figlio è importantissimo. Da uno studio condotto sugli scolari britannici emerge che, su cento bambini di sette anni, il 25 per cento con il rendimento scolastico più alto ha un lessico di circa 7100 parole, rispetto alle 3000 del 25 per cento con i voti più bassi. Per rimettersi in pari nel giro di cinque anni, il secondo gruppo dovrebbe imparare tre o quattro vocaboli nuovi al giorno. È stato dimostrato che il contributo lessicale dei genitori è un fattore chiave, a prescindere dalla situazione familiare.

I nomi degli oggetti domestici

Insegnate a vostro figlio i nomi esatti delle cose che si trovano in casa. Nel periodo sensitivo del linguaggio, i piccini assorbono facilmente i nuovi termini e ne afferrano il significato. Più parole imparano e meglio è. Anche se il bimbo inventa i vocaboli o li pronuncia male, evitate di utilizzare voi stessi termini sciocchi. Limitatevi a usare il nome corretto, ricordando che la capacità infantile di comprensione e vocalizzazione di una gamma completa di suoni si sviluppa per gradi. Per esempio, vostro figlio apprende dapprima la parola 'cane' e impara a distinguere un cane da un gatto. Da lì, potete cominciare a insegnargli vocaboli che definiscano ulteriormente i cani e i gatti. Per esempio, il piccino potrebbe scoprire che il vostro cane 'Biscotto' è un barboncino o che il cane 'Toby' del vicino è un pastore tedesco.

Potrete insegnargli i nomi di animali e uccelli comuni che vivono nel vostro quartiere, di fiori e alberi, di frutta, ortaggi, parti del corpo e oggetti di uso domestico mediante la lezione montessoriana in tre fasi (*vedi* p. 179). Un lessico ricco è una base solida per una vita di apprendimento.

L'utilizzo delle parole descrittive

Una volta che vostro figlio avrà imparato i nomi di molti oggetti, iniziate ad ampliare il suo vocabolario insegnandogli termini che descrivano le cose e la loro posizione. Potete cominciare dai vocaboli che indicano i colori. Prima introducete le tinte primarie (rosso, blu e giallo), poi quelle secondarie (verde, arancione, viola eccetera) e infine le sfumature più diffuse (lilla, rosa, azzurro, nocciola e così via).

Potrete quindi passare alle parole che definiscono i colori, per esempio azzurro chiaro, rosa scuro, giallo brillante. Potete anche aggiungere i vocaboli che descrivono le dimensioni (grande o piccolo, basso o alto, stretto o largo), i sapori (salato, dolce, acido), il peso (leggero e pesante), la consistenza (ruvido e liscio) eccetera.

Mentre il piccino apprende gli aggettivi descrittivi fondamentali, iniziatelo al linguaggio comparativo: più grande e il più grande, più lungo e il più lungo, più alto e il più alto. Questo lessico è essenziale quando i bimbi si dedicano alle attività sensoriali proposte nel capitolo 2. "Quale di questi cubi è il più grande? Bene, quale viene dopo?".

Una volta che il bambino ha una buona conoscenza dei termini descrittivi, chiedetegli di descrivere le cose con parole sue. "Come descriveresti Toby (il pastore tedesco del vostro vicino)?". Incoraggiatelo a ripetere delle storie o a descrivere le operazioni che esegue mentre preparate la cena insieme.

IL GIOCO DEL COMANDO

Talvolta può sembrare che non sia così, ma i bimbi amano obbedire agli ordini durante l'attività ludica. Cominciate con semplici istruzioni: "Dammi il camioncino, per favore" oppure "Dammi quel camion laggiù, per favore".

Poi passate a ordini più complessi aggiungendo la descrizione dell'oggetto e della sua posizione. "Ti dispiace portarmi il grande secchio rosso sulla mensola più in alto?". I bambini piccoli hanno molte più difficoltà se l'oggetto richiesto si trova in un'altra stanza. Se introducete questo gioco troppo presto, non sorprendetevi qualora si smarriscano lungo il tragitto.

Con i più grandicelli, potete rendere più stimolante questa attività aggiungendo altre richieste: "Ti dispiacerebbe portare questi fiori fino al ripiano vicino al lavello e posarceli sopra? Poi scegli un vaso e versaci un po' d'acqua, tanta così. Quindi metti i fiori nel vaso e crea una bella composizione. Quando hai finito, mettili sul tavolo, che diventerà bellissimo per i nostri ospiti".

Come arricchire il vocabolario

Gli insegnanti montessoriani ricorrono a un processo in tre fasi per aiutare gli scolari ad ampliare il loro vocabolario. I bimbi imparano il significato delle parole quando hanno la possibilità di associare un nome a un oggetto. Per esempio, ecco come potete insegnare a un bambino piccolo i nomi dei colori secondari.

Durante la prima fase, mostrategli un campione di tempera arancione, dicendo: "Questo è arancione". Poi mostrategli un campione verde, spiegando: "Questo è verde". Infine, mostrategliene uno viola, precisando: "Questo è viola".

Durante la seconda fase, aiutate vostro figlio a stabilire un legame tra il linguaggio e la sua esperienza pronunciando il nome di un oggetto e chiedendogli di trovarlo. "Indicami l'arancione". Il piccino dovrebbe additare il campione corrispondente. Quindi chiedetegli: "Mostrami il viola", al che dovrebbe scegliere il campione esatto. Se commette un errore, limitatevi a ripetere la lezione. Tornando alla prima fase, indicategli il campione viola e dite: "Questo è viola". Additate quello verde e affermate: "Questo è verde".
A differenza dei due casi precedenti, durante la terza fase invitiamo i piccini a pronunciare un nome senza averglielo detto prima. Indicate un campione di tempera e domandate: "Che colore è questo?". Il bimbo dovrebbe rispondere: "Arancione". Se sbaglia, ricominciate la lezione ripetendo con pazienza i nomi degli oggetti e ripercorrendo la prima e la seconda fase.

Un ampia gamma di parole

Per cominciare, potete adottare l'approccio della lezione in tre fasi per introdurre vostro figlio a moltissimi vocaboli di uso quotidiano, come i vari tipi di frutta e verdura (per esempio, peperone, carciofo e zucca gialla, come suggerito qui sotto), di animali e

PASSO DOPO PASSO La lezione in tre fasi

Una volta imparata questa semplice sequenza, potete usarla in molte situazioni. Ha il pregio di arricchire le conoscenze di cui il bimbo è già in possesso, anziché cercare di coglierlo in fallo.

Uno
La mamma dice a Oswin i nomi di tre diversi ortaggi, indicandoli a uno a uno.

Due
Ora gli chiede di additarne uno: la zucca gialla. Ripete questa operazione per ciascun ortaggio.

Tre
La mamma prende un ortaggio e chiede a Oswin come si chiama. Il piccolo è orgoglioso di conoscere la risposta.

di oggetti domestici. Ripetete il gioco con la medesima serie di oggetti per diversi giorni o settimane, passando a una nuova serie solo quando il bambino è pronto.

Continuate a usare questo metodo per arricchire il vocabolario del bimbo quando quest'ultimo è un po' più grande. Aggiungete termini di geometria (cubo, quadrato, pentagono, triangolo), di botanica (pianta, erba, albero, foglia, gambo, fiore, petalo) oppure delle varie forme che compongono la superficie del nostro pianeta (montagna, isola, lago, oceano, fiume). Più vocaboli i bambini conoscono e più osservano e cercano di identificare ciò che li circonda.

Come raccontare una storia

Invitate vostro figlio a scegliere un'illustrazione interessante in una rivista e a ritagliarla. Poi chiedetegli di dirvi qualcosa riguardo ai personaggi o agli animali raffigurati. Può darsi che i più grandicelli vogliano inventare una storia. Scrivete ciò che dicono, parola per parola, con una calligrafia ordinata oppure digitate il racconto al computer e stampatelo con un carattere grande. Se inserite una sola frase per ciascuna pagina, con il testo in fondo, vostro figlio potrà incollare l'illustrazione e quindi aggiungere i suoi disegni sui vari fogli. Stampate il tutto su una carta di buona qualità e rilegate il libro perforando le pagine e facendo passare un nastrino in ciascun buco.

Alla fine aiutate il piccino a firmare la sua opera. Se non sa ancora scrivere, incoraggiatelo a tracciare un segno, una faccina sorridente o un'unica lettera. Comincerà a comprendere il legame tra i segni scritti sulla carta e le parole pronunciate oralmente.

Domande e sentimenti

Quando vostro figlio è disposto a parlare, siate disposti ad ascoltare. In altre occasioni, stimolatelo voi, per esempio domandandogli che cosa crede stia per accadere all'interno di una storia. "Come faceva l'orsetto a sapere che qualcuno si era seduto sulla sua sedia?". "Era rotta, e qualcuno di grosso doveva averla usata". Mantenete viva la conversazione evitando le domande chiuse, cui si risponde con un semplice 'sì' o 'no'. I quesiti a risposta libera aiutano il bambino a perfezionare la capacità di organizzare ed esprimere i pensieri ad alta voce. "Che cosa vedresti se fossi un uccello che vola nel cielo sopra la nostra casa?". "Che cosa potrebbe succedere se…?".

Spronate il bimbo a parlare dei suoi sentimenti. Ritagliate dalle riviste una serie di fotografie raffiguranti individui che provano varie emozioni: felicità, tristezza, rabbia, paura, gioia. Chiedete al bambino di identificarle, e quindi di aggiungere qualche parola sul proprio conto. "Che cosa succede quando hai paura?". Potete anche usare i burattini per raccontare una storia che illustri una serie di emozioni e invitare vostro figlio a far parlare il suo burattino. Spesso i piccini trovano più semplice esprimere i sentimenti in questo modo.

"I quesiti a risposta libera aiutano il bambino a perfezionare la capacità di organizzare ed esprimere i pensieri ad alta voce."

L'ora delle storie
Invitate il bambino a scegliere un'immagine, poi a ricamarci una storia. Così affinerà le capacità lessicali e narrative.

la strada scritta verso la lettura

Imparare a leggere può essere semplice e indolore quanto imparare a parlare.

Nelle scuole montessoriane utilizziamo un approccio fonetico concreto che aiuta i piccini a comprendere con chiarezza come le parole scritte codifichino i suoni orali del nostro linguaggio nelle lettere simboliche dell'alfabeto. Grazie a questa tecnica, i bimbi apprendono il suono corrispondente a ciascuna lettera e la lettera rappresentata da ciascun suono, una lettera alla volta fino alla fine dell'alfabeto. Potete adottare il medesimo approccio a casa vostra procurandovi alcuni materiali di base.

LA PRESENTAZIONE DELLE LETTERE

Presentate le lettere a vostro figlio una alla volta, dividendole così:

Prima serie ... c m a t
Seconda serie ... s r i p
Terza serie ... b f o g
Quarta serie ... h j u l
Quinta serie ... d w e n
Sesta serie ... k q v x y z

Le lettere smerigliate

Sono uno strumento tattile e visivo che facilita l'apprendimento dell'alfabeto, evoluzione delle lettere incise nel legno inventate dalla stessa Maria Montessori. "Quando feci incidere le forme delle lettere nel legno, con scanalature profonde, e insegnai loro a passare la punta delle dita lungo quelle scanalature, [i bambini] appresero immediatamente a riconoscere ogni lettera. [...] Così mi resi conto che il senso del tatto doveva essere di grande aiuto". Le lettere smerigliate sono più facili da realizzare. Si tratta di ventisei tavolette sottili di masonite dipinta. Sul fondo liscio e colorato di ciascuna tavoletta è stata incollata una lettera in stampatello minuscolo di carta vetrata fine. Le consonanti compaiono su fondo rosa o rosso, le vocali su fondo blu, per aiutare i bimbi a distinguerle. Potete acquistarle dai fornitori specializzati (*vedi* p. 204) oppure realizzarle con le vostre mani (*vedi* riquadro qui a fianco).

Appena vostro figlio manifesta una certa curiosità (di solito, intorno ai tre anni), mostrategli qualche

COME REALIZZARE LE LETTERE DI CARTA VETRATA

Usate una masonite sottile o un cartone robusto per preparare ventisei tavolette da 20 centimetri per 15. Alcune lettere, per esempio la 'w', possono richiedere una maggiore larghezza. Spruzzate ciascuna tavoletta con una pittura a smalto atossica, scegliendo il blu per le vocali (a, e, i, o, u) e il rosa o il rosso per le consonanti (b, c, d, f, g, h, l, m, n, p, q, r, s, t, v, w, x, y, z).

Dovrete poi ritagliare le lettere da carta vetrata fine. Abbiamo preparato dei file con lettere molto grandi, che potrete scaricare dal nostro sito web (ne troverete uno per le lettere minuscole all'indirizzo www.montessori.org/assets/files/405/alphabet_low.pdf e un altro per le lettere maiuscole all'indirizzo www.montessori.org/assets/files/405/alphabet_caps.pdf). Stampatele e ritagliatele per creare uno stencil da cui ricavare i ventisei simboli. Incollate ogni lettera su una tavoletta, con il lato ruvido verso l'alto. La fase successiva è insegnare al bimbo a percorrere il profilo delle lettere con il dito.
Ricordate di rispettare i suoi ritmi.

lettera alla volta (*vedi* riquadro a sinistra). Insegnategli a seguirne il profilo, come se le stesse scrivendo, con l'indice e il medio della mano che di solito utilizza per prendere gli oggetti. Nel frattempo, pronunciate il suono corrispondente ricorrendo a una breve parola fonetica, come 'cane'. Per esempio, la lettera 'c' rappresenta il suono /k/.
Muniti di due lettere di carta vetrata, sedete con vostro figlio su un tappetino. Useremo la 'c', pronunciata /k/, e la 'm', pronunciata /m/. Seguendo il profilo della 'c', dite: "Questa è 'k'. Riesci a dire: 'k'?". Quasi tutti i piccini ripeteranno il suono. Ora invitate il bambino a seguire il profilo della lettera e a pronunciarla. Così facendo, riceverà impressioni diverse: la forma della lettera, la sensazione tattile del suo profilo, il modo in cui è scritta e la pronuncia del relativo suono. Ora pensate a qualche parola che inizi con quel suono: "/K/ come cane, casa, cappello..." Questo è il primo stadio di una lezione a tre fasi (*vedi* pp. 178-179). A questo punto, passate alla seconda lettera, adottando la medesima procedura e continuando fino alla seconda fase della lezione. "Sai indicarmi la /k/? Sai indicarmi la /m/?". Se il bambino commette un errore, tornate alla prima fase. "Questa è la

/k/. Questa è la /m/". Poi riprovate con la seconda. "Sai indicarmi la /m/? Sai indicarmi la /k/?". Ora date il via alla terza fase. Disponete le tavolette della 'c', della 'a', della 'n' e della 'e' davanti a vostro figlio, esortandolo a pronunciarle una alla volta: /k/, /a/, /n/, /e/. Ha appena letto la sua prima parola.
Aggiungete pian piano nuove lettere, magari un paio la settimana, finché il bimbo impara tutto l'alfabeto. Ricordate di adeguarvi al suo ritmo. Se si annoia, sospendete la lezione. Il vostro obiettivo è trasmettergli l'amore per l'apprendimento e un vero interesse per la lettura e la composizione delle parole, non creare un lettore precoce a tutti i costi.

Molti genitori trovano curioso che, nelle scuole montessoriane, i bambini non imparino i nomi delle lettere, bensì i suoni che emettiamo pronunciando foneticamente le parole una lettera alla volta. Può darsi che, per un lungo periodo, gli scolari non conoscano affatto i nomi delle lettere, ma le chiamino usando i suoni corrispondenti: /b/, /k/, /a/ eccetera. Questo metodo permette di evitare una delle fasi più superflue e complesse che quasi tutti gli scolari devono attraversare quando imparano a leggere: "Emme come mela. Il suono che fa è /m/".

Non è raro che chi impara a leggere in questo modo riesca a comporre semplici parole con le tavolette diverse settimane o diversi mesi prima di saperle leggere con facilità. Questo è un sottoprodotto dell'accurata iniziazione montessoriana al linguaggio. Anziché apprendere le parole guardandole, i piccini pronunciano i vocaboli fonetici una lettera alla volta, un processo più semplice rispetto alla 'decodifica' delle parole stampate nei suoni che le compongono.

Disegniamo le lettere nella sabbia

Un'aggiunta interessante alle lettere smerigliate è invitare il bambino a disegnare nella sabbia i simboli che ha imparato, utilizzando una vaschetta abbastanza profonda da ridurre al minimo gli spargimenti accidentali. Dopo che avrà tracciato una lettera sulla carta, chiedetegli di riprodurla sulla sabbia. Questo esercizio rafforzerà la sua memoria muscolare del processo e favorirà la transizione alla scrittura.

Il controllo della matita

Prima di imparare a scrivere, vostro figlio deve perfezionare il controllo della mano. Molte delle attività sensoriali proposte nei capitoli precedenti hanno l'ulteriore vantaggio di aiutare il bambino a sviluppare la coordinazione mani-occhi, così importante per la scrittura. Come esercizio preparatorio, procurate-

Le lettere nella sabbia
Quando saprà tracciare le lettere sulla carta, il bimbo potrà riprodurle sulla sabbia.

gli dei pastelli di buona qualità per colorare sagome su carta di qualità altrettanto buona. Insegnategli a riempire le forme con precisi tratti paralleli.

Quando il piccino è pronto per scrivere, possono essere utili una lavagnetta e un gessetto. Invitatelo a seguire il profilo di una lettera di carta vetrata e quindi a riprodurlo sulla lavagna. Quando avrà imparato a scrivere le singole lettere, esortatelo a comporre semplici parole.

Giochiamo con le lettere

Oltre a favorire il riconoscimento del suono iniziale di ciascuna parola, questo gioco migliora la conoscenza dei suoni corrispondenti alle lettere imparate. Per giocare, dovrete procurarvi cinque piccoli oggetti i cui nomi inizino con la medesima lettera. Per esempio, nel caso della 't', potete usare un trenino, una trottola e un trattore giocattolo. Collocate due o tre lettere di carta vetrata su una stuoia e ponete gli oggetti in un cestino. Chiedete al bimbo di sceglierne uno e di pronunciarne il nome. Quindi domandategli: "Quale suono senti all'inizio della parola 'trottola'?". Ripetetela con chiarezza, suono dopo suono: /t/, /r/, /o/, /t/, /t/, /o/ /l/, /a/. "Trottola inizia con /t/. Mettiamo la trottola sotto la /t/". Il bimbo deve continuare fino ad aver posizionato tutti gli oggetti.

L'alfabeto mobile

Una volta che vostro figlio ha cominciato a riconoscere le varie lettere e i suoni corrispondenti grazie alle tavolette, potete passare all'alfabeto mobile. Si tratta di una grossa scatola suddivisa in scomparti che contengono lettere di plastica, organizzate più o meno come un vecchio cassetto da tipografo. Potete acquistare un alfabeto mobile montessoriano

IL **CERVELLO** DEL BAMBINO

Un confronto tra gli alunni montessoriani e gli allievi di altre scuole americane dimostra come, rispetto al gruppo di controllo, i bambini di cinque anni che hanno completato il programma prescolare triennale montessoriano ottengano voti più alti nei test scolastici. A dodici anni, gli studenti montessoriani scrivono storie più sofisticate e creative di quelle degli altri bimbi.

Scriviamo con il gessetto
Procurate a vostro figlio una lavagnetta perché si eserciti a scrivere le lettere con il gessetto.

L'alfabeto mobile
Una grande scatola con 26 scomparti contenenti le lettere di plastica che i bimbi possono usare per comporre le parole.

(*vedi* pp. 186 e 204) oppure ricorrere a uno dei tanti set di lettere magnetiche o di plastica disponibili in commercio. Il bambino può comporre le parole scegliendo un piccolo oggetto o un'illustrazione e poi formando il nome corrispondente con le lettere mobili. Come con le lettere smerigliate, pronuncerà i suoni uno alla volta, scegliendo la lettera corrispondente al suono successivo. I pedagogisti ritengono da tempo che questo approccio fonetico sia il metodo più efficace per insegnare ai bambini a leggere e a scrivere.

Man mano che vostro figlio comincia a comporre parole, espressioni, frasi e storie, talvolta la sua pronuncia diventerà un po' fantasiosa. Per esempio, può darsi che dica 'mela' con la 'e' aperta anziché chiusa. Non preoccupatevi di correggerlo in questa prima fase. È molto meglio spingerlo ad affinare la sua capacità di pronunciare le parole che rischiare di scoraggiarlo a causa di eventuali errori.

Il processo della composizione di parole con l'alfabeto mobile continua per anni, passando gradualmente da vocaboli di tre lettere a vocaboli di quattro e cinque lettere con accostamenti consonantici ('fl', 'tr', 'st'), consonanti doppie ('bb', 'ss'), 'h' mute e sonore ('ho', 'hanno', 'ch', 'gh') e così via.

Cominciamo a leggere

Di solito, la transizione dalla lettura e dalla scrittura di singoli vocaboli alla composizione di parole e frasi avviene con naturalezza. Alcuni bambini la raggiungeranno a quattro anni, altri a cinque o sei. Alcuni leggeranno un po' prima, altri impiegheranno più tempo. Ma ogni bimbo è diverso, ed è inutile preoccuparsi se il piccino non è impaziente quanto i suoi coetanei. A prescindere dall'età, insegnate a vostro figlio a leggere appena manifesta il minimo interesse. Quando sarà pronto, riunirà tutti i concetti appresi e comincerà spontaneamente a leggere e a scrivere. Preparate schede con i nomi di oggetti familiari. Il bimbo potrà allenarsi a leggerle utilizzandole per etichettare oggetti domestici di ogni tipo.

IL GIOCO DEI VERBI

Quando il bambino avrà imparato a leggere intere parole, proponetegli una versione più sofisticata del gioco del comando. Preparate una serie di schede su cui stamperete un ordine formato da un'unica parola (un verbo).

Il bimbo sceglie una scheda, la legge, poi vi chiede di tenerla sollevata mentre esegue l'ordine: saltellare, sorridere, sbadigliare, dormire, applaudire, sedersi, alzarsi, salutare, mangiare, bere eccetera.

Quando saprà leggere le schede con una parola, preparatene di più complesse usando frasi complete: "Portami un orsacchiotto" o "Salta come una ranocchia".

i primi passi verso la matematica

Insegnate a vostro figlio semplici concetti matematici con giochi e materiali per un apprendimento concreto.

Imparare a contare a mente è l'attività più semplice da inserire nella vostra vita quotidiana. Potete contare con vostro figlio in molte situazioni: quando cucinate insieme, contate le cucchiaiate da aggiungere; quando uscite per fare una passeggiata, contate i gradini da uno a dieci, poi ricominciate. Un gioco semplicissimo prevede di lanciarvi con delicatezza un sacchetto di fagioli, contando il numero di volte che passa da voi al bimbo e viceversa. Continuate finché il piccino riesce a seguirvi, poi proseguite da soli quando mostra qualche incertezza.

Il significato dei numeri

All'inizio, comprendere il concetto dei numeri contando oggetti separati è più difficile. Benché i bambini piccoli imparino a 'contare' a mente, recitando la sequenza di numeri da 1 a 10, quasi nessuno riesce a capire la differenza tra una quantità e un'altra guardando più di tre o quattro oggetti. È quasi come se pensassero: "Uno, due, tre… tanti!". Un metodo per aggirare l'ostacolo è consentire ai bimbi di visualizzare i concetti dei numeri e della quantità usando una serie di aste segmentate, anziché insegnare loro a contare serie di oggetti separati. Nelle aule montessoriane utilizziamo una serie di aste la cui lunghezza varia di 10 centimetri alla volta. La più corta è lunga 10 centimetri ed è colorata di rosso. La seconda è lunga 20 centimetri ed è suddivisa in due segmenti da 10 centimetri ciascuno, uno rosso e l'altro blu. La sequenza continua per tutte e dieci le aste. Potete acquistarle in un negozio specializzato (*vedi* p. 204) oppure realizzarle con le vostre mani (*vedi* riquadro a p. 190).

Lavorando con le aste, i bambini capiscono la natura dell'addizione e comprendono che due numeri possono sommarsi tra loro. Per esempio, quando collocano l'asta 'uno' all'estremità dell'asta 'due', creano una nuova asta che ha la stessa lunghezza della 'tre' poco sopra. In questo modo, esplorano relazioni analoghe con tutti i numeri da 1 a 10.

Uno, due, tree…
Spesso la capacità fondamentale di contare si presenta inaspettatamente mentre i bimbi giocano.

La scala dei numeri
Per introdurre le aste dei numeri, insegnate a vostro figlio a ordinarle dalla più grande alla più piccola. Contate insieme i segmenti colorati.

COME REALIZZARE LE ASTE DEI NUMERI

Per costruire le aste dei numeri con le vostre mani, usate legno tornito o assicelle più o meno delle dimensioni di un comune righello (5 cm di larghezza × circa 1 cm di altezza). Dovrete tagliare o far tagliare dieci segmenti di materiale, lunghi rispettivamente 10, 20, 30, 40, 50, 60, 70, 80, 90 e 100 cm. Colorate l'intera serie di rosso e lasciatela asciugare.

Poi, usando un nastro adesivo protettivo, delimitate con cura le parti che vanno colorate di blu. Per esempio, l'asta 'uno' è tutta rossa. L'asta 'due' è rossa per i primi 10 cm e blu per gli altri 10. L'asta 'tre' è rossa per i primi 10 cm, blu per i secondi 10 e ancora rossa per gli ultimi 10. In questo modo, creerete una sequenza alternata di segmenti rossi e blu. Continuate così fino all'asta 'dieci', che deve essere lunga 100 cm e suddivisa in dieci sezioni a colori alterni.

Contiamo i cestini

Questa attività aiuta i più piccini a compiere il passo successivo verso la comprensione dei concetti di numero e quantità. Vi servirà una serie di dieci cestini numerati da 0 a 9 mediante etichette, oltre a un cesto più capiente in cui avrete inserito 45 pezzi identici. Nelle scuole montessoriane usiamo bastoncini di legno del diametro di 1 cm e della lunghezza di 15 cm, ma a casa potete utilizzare mollette da bucato o grosse palline di legno di colore uguale. Mostrate a vostro figlio come contare il numero esatto di oggetti da distribuire nei vari cestini: uno, due, tre e così via fino a nove. Naturalmente, il cestino '0' rimane vuoto, cosicché il bambino comprenda sin dalla più tenera età che zero significa 'nulla' (un insieme vuoto). Se il piccino conterà correttamente, non resterà alcun pezzo una volta che avrà riempito lo scomparto '9'.

Semplici addizioni

Esistono molte attività che potete proporre a vostro figlio per aiutarlo ad allenare le sue capacità. Usate le bambole per illustrargli delle semplici addizioni: "Quando mamma e papà si sono sposati, erano in due. Poi è nato un bambino. Quanti sono ora?". Potete fare lo stesso con i frutti o con qualunque altra cosa vi capiti sotto mano.

IN PRATICA La matematica in azione

Contando le cose della vita di tutti i giorni, il bambino apprende la quantità rappresentata da ciascun numero. La capacità di addizionare e sottrarre è una conseguenza naturale.

Nel cestino
Max pronuncia ad alta voce il numero dei lanci riusciti quando centra la cesta.

Contiamo le patate
Holly si allena a contare, assicurandosi che ciascun membro della famiglia riceva una patata.

La prima matematica
Oswin conta le arance. La mamma ne toglie due e gli chiede: "Ora quante sono?".

la scienza in casa vostra

La casa è il luogo ideale per condurre esperimenti scientifici che aiutino il piccino a scoprire come funziona il mondo.

Le attività scientifiche cui potete dedicarvi con vostro figlio sono così numerose che potrebbero riempire un intero libro. Molti degli esercizi che vi ho già proposto in questo e negli altri capitoli hanno un aspetto scientifico: le attività sensoriali, le passeggiate nella natura, la collaborazione in giardino e simili. Ecco qui qualche altra idea per stimolare il vostro piccolo scienziato.

Magnetico o non magnetico

Introducete tanti piccoli oggetti in un cestino, assicurandovi che alcuni siano di materiale ferroso e possano essere raccolti con l'aiuto di una calamita. Preparate due fogli, uno con la scritta 'magnetico' e l'altro con la scritta 'non magnetico'. Chiedete a vostro figlio di utilizzare una piccola calamita per

Magico magnetismo
Studiare le proprietà magnetiche di vari oggetti è una delle attività scientifiche più apprezzate.

vedere quali oggetti attirerà e quali no, e quindi di collocarli accanto al foglio corrispondente.

Vivente o non vivente

Riempite un cestino di giocattoli e piccoli ninnoli che rappresentino cose vive (organiche) e non vive (inorganiche). Preparate due fogli con le scritte 'vivente' e 'non vivente'. Come rappresentanti degli esseri viventi potete scegliere oggetti a forma di uccelli, insetti, alberi, persone e animali della foresta. Come esseri non viventi, potete usare una calamita, un ditale, una macchinina, una casetta e uno specchietto. Chiedete al bambino di posare le cose viventi e non viventi del mondo reale accanto al foglio corrispondente.

Affonda o galleggia

Raccogliete un certo numero di oggetti, alcuni che galleggiano e altri che affondano, e invitate il bimbo a prevedere come si comporteranno. Appoggiate una bacinella d'acqua su un vassoio e immergete gli oggetti cosicché il piccino possa verificare le sue previsioni.

I semi che germogliano

Per questo esperimento, vi serviranno fagioli secchi, tovaglioli di carta e uno spruzzino per piante. Mostrate a vostro figlio come prendere un fagiolo, posarlo su un tovagliolino, avvolgerlo con delicatezza e quindi spruzzarlo d'acqua.

Il gioco di galleggiamento
Vostro figlio si divertirà a verificare se gli oggetti galleggiano o affondano in una grossa bacinella piena d'acqua.

Ricordategli di annaffiarlo ogni giorno affinché il seme rimanga umido, e ogni tanto controllate se sta iniziando a germogliare. A quel punto, insegnate al piccino a trapiantarlo in un vasetto pieno di terriccio. Rammentategli di bagnarlo con regolarità.

Un cestino di erba vera

Prendete un cestino e foderatene il fondo con una pellicola di plastica. Aiutate il bambino ad aggiungere 2 cm di sassolini e poi 5 cm di terriccio. Insegnategli a spargere i semi d'erba sul terriccio e a premerveli con delicatezza. Collocate il cestino su un tavolo vicino a una finestra e ricordate al bimbo di usare uno spruzzino più volte al giorno per annaffiare i semi. Nel giro di due settimane circa vedrà spuntare l'erba.

Coltiviamo un calzino

In autunno, quando andiamo a fare qualche passeggiata nei boschi o nell'erba alta, i nostri calzini e i nostri pantaloni tendono a intrappolare lappole e altri semi. Date a vostro figlio un paio di lunghi calzini sportivi da infilare sopra le gambe dei pantaloni. Fate una passeggiata attraversando aree dove siete certi di trovare quei semi appiccicosi. Quando tornate a casa, mettete i calzini in una bacinella e collocateli in un punto molto soleggiato. Bagnateli, lasciandone un'estremità nell'acqua affinché continuino ad assorbire umidità come stoppini. Dopo una o due settimane, i semi cominceranno a germinare e vostro figlio avrà 'coltivato un calzino vivente'.

Esploriamo le radici

Dissotterrate delicatamente una pianta con le radici intatte. Posatela su un giornale e rimuovete con cura la terra, spiegando al bimbo che ogni pianta usa le radici per assorbire acqua e sostanze nutritive dal terreno.

Come costruire barchette a vela
Usando gusci di noce, cartoncino, stuzzicadenti e plastilina, costruite barche a vela da posare sull'acqua di un laghetto artificiale.

Ricompattate il terreno intorno alle radici e rimettete la pianta al suo posto.

Le barche a vela con i gusci di noce

I bambini adorano giocare con l'acqua. Usate un profondo vassoio pieno di liquido a mo' di laghetto su cui i bimbi possano far navigare barchette ricavate dai gusci di noce. Per costruirle, aprite qualche noce lungo i bordi, badando a non danneggiare i mezzi gusci. Quindi mostrate ai piccini come fabbricare una vela ritagliando un quadrato o un triangolo da un pezzo di cartoncino. Come albero useranno uno stuzzicadenti e monteranno la vela infilandolo nel cartone, curvato

perché catturi il vento. Inserite un po' di plastilina sul fondo del guscio e conficcatevi l'albero. Ora i vostri figli possono posare le barchette sull'acqua e soffiare piano per simulare la brezza.

"Versiamo" l'aria

I bambini piccoli si divertono a fare le bolle immergendo nell'acqua un contenitore pieno d'aria e liberando (versando) quest'ultima inclinandolo delicatamente verso l'alto. Il gioco riesce meglio se si usa un recipiente profondo, per esempio un secchio, e ancora meglio se le sue pareti sono di vetro come quelle di un acquario, cosicché tutti possano vedere le bolle che salgono in superficie. Durante il bagnetto i bimbi possono divertirsi a fare le bolle sott'acqua con una cannuccia.

lo sviluppo delle funzioni esecutive

Una famiglia affettuosa e un ambiente stimolante offrono tutto ciò di cui il bimbo ha bisogno per sviluppare i processi cerebrali superiori.

In sostanza, le funzioni esecutive del cervello ci permettono di pianificare, organizzare ed eseguire i compiti. Maria Montessori non avrebbe usato questo termine, ma quasi tutte le sue attività sono studiate appositamente per favorire questi processi cerebrali superiori. Già a sette mesi, i bebè iniziano ad allenare queste capacità cognitive con semplici giochi come il bausette o un giocattolo nascosto sotto una coperta. Il piccino sfrutta la memoria di lavoro quando individua i nascondigli, ed esercita il controllo inibitorio quando aspetta che qualcuno o qualcosa ricompaia. Queste due capacità entrano in gioco quando si dimena allegramente nel momento in cui una action song (cioè una canzoncina 'mimata', come La bella lavanderina) raggiunge il suo prevedibile culmine.

IL **CERVELLO** DEL BAMBINO

Le funzioni esecutive del cervello iniziano a svilupparsi nella prima infanzia. Con il tempo, i piccini imparano a focalizzare l'attenzione, a controllare gli impulsi (controllo inibitorio) e a usare la memoria di lavoro, ossia la facoltà di trattenere e manipolare le informazioni a breve termine nel cervello. Insieme, le funzioni esecutive sostengono l'apprendimento e favoriscono la pianificazione e la risoluzione dei problemi.

Quando i bambini raggiungono l'età prescolare, i giochi di abbinamento e selezione, i giochi mnemonici e i puzzle sono ottimi per la memoria di lavoro visiva. I bimbi diventano più flessibili nei ragionamenti e obbediscono alle istruzioni durante giochi come 'strega comanda color' e 'lupo mangia-frutta'. Il gioco immaginario migliora le capacità di pianificazione e di autoregolamentazione, soprattutto se i bambini vengono esortati a preparare il contesto e a decidere chi farà la mamma, il papà o il dottore prima di cominciare. Quando cucinate con loro, i vostri figli acquisiscono la capacità di aspettare le istruzioni, di imprimersi i compiti nella memoria di lavoro e badare alle dosi e alla pesatura degli ingredienti.

Dai quattro o cinque anni in su, i giochi da tavolo in cui occorre aspettare il proprio turno, seguire una regola e, in

Metà ciascuno
Un semplice esempio di risoluzione dei problemi è trovare il modo di dividersi l'ultimo muffin rimasto.

seguito, elaborare una strategia si basano sull'uso di tre funzioni esecutive: la memoria di lavoro, la flessibilità e l'autocontrollo. I libri di enigmi e rompicapi allenano l'attenzione e le capacità di risoluzione dei problemi. 'Vedo vedo' e '20 domande' sono ottimi giochi di logica e ragionamento.

La risoluzione dei problemi

Man mano che i bambini crescono, i genitori possono aiutarli ad affinare le capacità di risoluzione dei problemi proponendo loro piccoli compiti che li spingano a valutare la situazione, pianificare e trovare una soluzione.

Per risolvere un problema occorre superare varie fasi: identificare il problema; esaminare i suoi elementi costitutivi; usare le proprie conoscenze, capacità e strumenti per arrivare alla soluzione; e infine domandarsi se abbia funzionato. Gli adulti possono fare affidamento su strategie e modelli che, acquisiti durante le esperienze precedenti, accelerano il processo. Con il tempo, anche i bimbi elaborano delle strategie ma, nei primi anni, la vita è ricca di novità, il che rende particolarmente appaganti la pianificazione e la ricerca delle soluzioni. Provate le seguenti attività.

- Prima di una vacanza o di un viaggio, date a vostro figlio una piccola valigia, chiedetegli di decidere cosa gli servirà e permettetegli di infilarvi oggetti come lo spazzolino, il pigiama e il suo peluche preferito.
- Durante una riunione di famiglia (*vedi* p. 117) invitate il bimbo a esaminare un problema e dategli qualche consiglio.
- Prima di uno spettacolo teatrale o di burattini, esortate i piccini a organizzare gli arredi scenici e a decidere chi farà cosa.
- Spronateli a risolvere un dilemma quotidiano: "Il tuo fratellino odia stare seduto nel carrello del supermercato. Come possiamo rendere questi momenti meno noiosi?".

questo metodo è adatto per vostro figlio?

Se vi sono piaciuti i suggerimenti di questo libro, potreste pensare a una scuola montessoriana per proseguire l'istruzione del bambino.

Uno dei punti di forza del metodo Montessori è l'atmosfera di rispetto e collaborazione che invoglia i bimbi a imparare. Di solito, questo approccio è 'adatto' per un ampio ventaglio di personalità, temperamenti e tipi di apprendimento. Funziona per le famiglie con gamme diverse di aspettative e, nella maggior parte dei casi, genitori e insegnanti collaborano, tra casa e scuola, per aiutare i piccini a imparare e svilupparsi.

Il programma è strutturato con cura per offrire agli scolari opportunità di apprendimento ottimali. I genitori che hanno particolarmente a cuore il rendimento possono tuttavia trovare difficile comprendere e sostenere il metodo Montessori. Sebbene tutti vogliamo il meglio per i nostri figli, questo approccio è molto diverso dal pensiero convenzionale cui si ispirano quasi tutte le scuole. L'idea fondamentale è che i bambini nascono

Ballando di gioia
Studiare in una scuola montessoriana è un'esperienza divertente, gioiosa ed emozionante.

intelligenti, curiosi e creativi e che troppo spesso le scuole (e alcuni genitori) rendono il processo dell'apprendimento stressante anziché naturale.
Le famiglie che di solito sono piuttosto caotiche e disorganizzate (arrivano tardi la mattina, vanno a prendere i bambini a orari variabili e hanno difficoltà a partecipare alle riunioni e a collaborare con la scuola) giudicano frustrante l'esperienza montessoriana, sebbene i loro piccini si affezionino a questa struttura e la considerino molto rassicurante.

La scelta della scuola

Pur cercando di restare fedeli alla loro interpretazione delle intuizioni e delle ricerche di Maria Montessori, quasi tutte le scuole sono state influenzate dall'evoluzione culturale e tecnologica verificatasi negli ultimi cento anni, da quando nacquero i primi istituti montessoriani. Inoltre, pur riferendosi a un metodo e a una filosofia, il nome Montessori non è protetto da copyright né da un sistema centrale di licenze o franchising. Ciò significa che, in molte parti del mondo, chiunque potrebbe, in teoria, aprire una scuola e definirla montessoriana senza sapere come vada organizzato e gestito un programma corretto. Simili episodi sono insieme fastidiosi e imbarazzanti per chi conosce bene la materia. Molte di quelle scuole chiudono i battenti, ma spesso non prima di aver danneggiato la percezione pubblica dell'integrità e dell'efficacia dell'approccio montessoriano nel suo complesso.

L'appartenenza di un istituto a una delle organizzazioni montessoriane professionali (*vedi* p. 204) è spesso una garanzia di qualità. Questi enti offrono alle scuole l'opportunità di venire accreditate. Esistono anche molte altre organizzazioni montessoriane minori, ma occorre ricordare che un istituto non è obbligato a essere affiliato o accreditato da un ente esterno. Numerose scuole montessoriane decidono infatti di restare indipendenti.

Quando si sceglie un istituto montessoriano, l'aspetto più importante è domandarsi se rispecchi il tipo di istruzione che si desidera per i propri figli. Non esiste un approccio educativo idoneo per tutti i bambini. Per ottenere i risultati più soddisfacenti, i genitori dovrebbero cercare la corrispondenza migliore non solo tra il loro bambino e una certa scuola, ma anche tra i valori e gli obiettivi educativi della famiglia e quanto un dato istituto offre nella realtà. Trovare la scuola giusta per i genitori è fondamentale quanto trovare la scuola giusta per il

IL METODO MONTESSORI

I genitori che apprezzano l'approccio montessoriano condividono generalmente le seguenti idee fondamentali sull'apprendimento.

- L'intelligenza non è rara tra gli esseri umani. I bimbi la possiedono sin dalla nascita. Con i giusti stimoli, è possibile favorire lo sviluppo delle capacità di ragionamento e di risoluzione dei problemi nei bambini piccoli.
- Gli anni più importanti per l'istruzione sono i primi sei.
- I bimbi devono acquisire un elevato livello di indipendenza e autonomia.
- La competizione e la valutazione scolastica non sono strumenti efficaci per motivare gli scolari a imparare. I bambini apprendono meglio se considerano la scuola un'esperienza sicura, emozionante e gioiosa.
- Esiste un legame diretto tra l'autostima, l'autocontrollo e l'indipendenza del bambino e la sua capacità di assorbire e ricordare nuove capacità e informazioni.
- I bimbi imparano meglio con l'esperienza diretta, l'applicazione delle conoscenze al mondo reale e la risoluzione dei problemi che con lo studio mnemonico e i test di valutazione.

piccino. Deve esservi una collaborazione basata sulla convinzione che la scelta fatta sia la migliore per tutti.

Che cosa cercare

Per esserne sicuri, dovrete affidarvi ai vostri occhi, alle vostre orecchie e al vostro istinto. Nulla può superare la vostra osservazione e la vostra esperienza. Per quanto la tentazione di iscrivere vostro figlio a un istituto senza mai entrare in un'aula possa essere forte, mettete questa visita in cima alla vostra lista delle cose da fare. Scoprirete molte cose dedicando da trenta a sessanta minuti all'osservazione dei bambini. Prima, chiedete il permesso di presenziare a un 'periodo di lavoro'. Se avete tempo, assistete poi a una riunione di gruppo oppure tornate più tardi per seguire questa parte della giornata scolastica. Usate i suggerimenti qui sotto a mo' di guida.

- In un'aula montessoriana non ci saranno file di banchi e nemmeno una cattedra e una lavagna. L'ambiente sarà organizzato in modo da consentire ai bambini di parlare tra loro e di lavorare insieme. I mobili saranno delle dimensioni adatte agli scolari.

L'amore per i libri
I libri sono il cuore di ogni scuola montessoriana. I bambini imparano a leggere al loro ritmo, quando si sentono pronti.

- Le aule devono essere calde, luminose e accoglienti, piene di piante, animali, libri, musica e opere d'arte. I centri di attività devono offrire grafici, materiali educativi interessanti, modelli matematici, carte geografiche, manufatti storici e internazionali, una biblioteca di classe, un'area artistica, un piccolo museo di scienze naturali e animali da allevare. In un'aula delle elementari, troverete anche computer e apparecchiature scientifiche.
- Le aule saranno organizzate in varie aree di studio, tra cui arti del linguaggio (lettura, letteratura, grammatica, scrittura creativa, ortografia e calligrafia); matematica e geometria; capacità legate alla vita quotidiana; esercizi e puzzle per la ricettività sensoriale; geografia, storia, scienze, arte, musica e movimento. Ciascuna zona sarà dotata di uno o più scaffali, armadietti e tavoli traboccanti di materiali, pronti per l'uso appena i piccini decidono di utilizzarli.

IL **CERVELLO** DEL BAMBINO

Secondo le ricerche neuroscientifiche, i primi sei anni di vita lasciano all'individuo un patrimonio che lo accompagnerà per sempre. Il bambino viene al mondo già programmato per imparare e l'apprendimento più efficace avviene grazie a relazioni incoraggianti e affettuose, ad ambienti ricchi di opportunità linguistiche e ad attività capaci di favorire lo sviluppo.

Destrezza manuale
I bimbi affinano la coordinazione mani-occhi e conquistano competenza e indipendenza con esercizi legati alla vita quotidiana, per esempio l'uso del cucchiaio.

La buona creanza
Gli allievi delle scuole montessoriane sono apprezzati per la loro cortesia e gentilezza, che fanno parte del piano di studi.

- Ogni aula deve contenere tutta la dotazione di materiali montessoriani adatti per quel livello.
- In un asilo montessoriano, ci saranno pochissimi giocattoli, se non addirittura nessuno. Troverete invece un'ampia gamma di materiali educativi idonei agli interessi, alle esigenze e alle capacità evolutive degli alunni, materiali che consentono di adottare vari metodi di apprendimento e scoperta, offrendo tantissimi stimoli intellettivi.
- La classe deve essere affidata a un insegnante montessoriano abilitato, in possesso di una certificazione riconosciuta per la fascia d'età in questione. Di solito, vi è anche un secondo insegnante abilitato oppure un assistente paraprofessionista. Può darsi che li vediate intenti a lavorare con uno o due bambini alla volta, a dare consigli, a spiegare una nuova lezione oppure a osservare la classe in silenzio.
- Un programma montessoriano prevede gruppi di bimbi di varie età in ciascuna aula, coprendo un arco di tre anni dalla prima infanzia in avanti. Per ottenere i risultati più soddisfacenti, la classe deve essere equilibrata sia nella presenza di maschietti e femminucce sia nel numero di scolari appartenenti a ciascuna fascia d'età. Le classi sono composte da venticinque o trenta allievi, anche se il numero diminuisce nel caso dei più piccini.
- Gli scolari sono solitamente sparpagliati qua e là nella stanza, impegnati a lavorare da soli o con uno o due dei loro compagni.
- Deve essere evidente che i bimbi si sentono sereni e al sicuro.

Se visitate un istituto e vi innamorate del suo aspetto e della sua atmosfera e, se ritenete che vostro figlio possa essere felice e ottenere buoni risultati in quell'ambiente, quella scuola è senza dubbio un'ottima scelta.

guida alle attività

Questa guida rapida indica le età iniziali approssimative per ciascuna idea e attività. Basatevi sempre sul grado di sviluppo e sugli interessi di vostro figlio.

Esercizi sensoriali (dalla nascita)

Il cestino dei tesori (da 6 mesi)

Passeggiate nel bosco (da 12 mesi)

dalla nascita

da 6 mesi

da 12 mesi

da 18 mesi

da 2 anni

da 3 anni

da 4 anni

Vestirsi (da 18 mesi)

Il gioco del silenzio (da 2 anni)

Creare un museo naturale (da 3 anni)

Lavagnetta (da 4 anni)

indice

a

b

c

d

sitografia e bibliografia

Organizzazioni montessoriane

Opera Nazionale Montessori
Via San Gallicano 7 – 00153 Roma
Tel. 06/58 48 65 – 06/58 79 59
www.operanazionalemontessori.it

Association Montessori Internationale (AMI)
Koninginneweg 161 – 1075 CN
Amsterdam, Paesi Bassi
https://ami-global.org
Fondata nel 1929 da Maria Montessori.

The Montessori Foundation
The International Montessori Council (IMC)
2400 Miguel Bay Drive
Terra Ceia Island
Florida 34250 USA
www.montessori.org
Ente educativo non-profit che sostiene lo sviluppo delle scuole montessoriane in tutto il mondo. Pubblica anche una rivista per genitori.

Il cervello del bambino

p. 26 Perry, B. (2000), "Principles of neurodevelopment: an overview", a ChildTrauma Academy Presentation Series 1, no. 2, www.ChildTrauma.org..

p. 86 Coldwell J., Pike A., Dunn J., "Household chaos – links with parenting and child behaviour", Journal of Child Psychology and Psychiatry, novembre 2006.

p. 113 Piotrowski J.T., Lapierre M.A., Linebarger D.L. (2012), "Investigating correlates of self-regulation in early childhood with a representative sample of English-speaking American families", Journal of Child and Family Studies, aprile 2013, 22(3), pp. 423-436.

p. 122 Wilhelm I., Rose M., Imhof K.I., Rasch B., Beeches C., Born J., "The sleeping child outplays the adult's capacity to convert implicit into explicit knowledge", Nature Neuroscience, 2013, 16, pp. 391-393.

p. 145 The Dunedin Multidisciplinary Health and Development Study (DMHDS) – an ongoing, longitudinal study of 1037 New Zealanders from birth in the years 1972-73.

p. 149 Wells N.M., Lekies K.S. (2006), "Nature and the life course: pathways from childhood nature experiences to adult environmentalism", Children, Youth and Environments, 16 (1), 41663.

p. 177 Biemiller A. (2003), "Vocabulary needed if children are to read well", Reading Psychology, 24 (3-4), pp. 323-335.

p. 185 Lillard AS ed Else-Quest N. (2006), "Evaluating Montessori education", Science, vol. 313, settembre 2006.

ringraziamenti

Ringraziamenti dell'auotre

Questo libro deve molto a cinque dei migliori pedagogisti montessoriani che abbia mai conosciuto: Susan Stephenson, autrice di The Joyful Child e Child of the World, cofondatrice della Michael Olaf Company di Modesto, in California; Susan Tracy, che prepara gli adulti a lavorare con piccolissimi scolari montessoriani vicino Chicago, nell'Illinois; K.T. Korngold, ex alunna montessoriana, mamma montessoriana e scrittrice di talento, che vive nel Connecticut; e Jan Katzen-Luchenta e Terri Sherrill, due ottimi scrittori, consulenti e pedagogisti montessoriani, che vivono rispettivamente a Phoenix, in Arizona, e a Orlando, in Florida. Le loro idee continuano a confermare le mie e mi inducono ad ampliare le mie conoscenze al di là dell'esperienza personale.
Infine, vorrei ringraziare lo straordinario team di editor e designer della Dorling Kindersley di Londra, e i fotografi che hanno dato vita al libro..

Ringraziamenti dell'editore

L'editore vorrebbe ringraziare Emma Forge e Nicola Rodway per l'ideazione, Ann Baggaley per la lettura delle bozze e Sue Bosanko per l'indice. Grazie anche a Jacqui di Artful Dodgers per il prestito di alcune attrezzature montessoriane, ad Anna di Sugar Bag Blue per gli arredi scenici e a Kevin Smith, Julianne Boag, Tor Godfrey e Sarah Webley per l'aiuto e il sostegno offerti durante le sedute fotografiche. Modelli: Chantal e Eden Richards, Danielle Rampton, Tom Offer, Sonny e Leon Hapennny; Lucius Waterman, Arianna Bellencin, Alessia Burke, Vanessa e Martha Coleman, Jessie e Cherry Eckel, Joanna e Imogen Key, Ben Houchen, Kevin Smith, Isabella e Alexander Moore-Smith, Amilia Rogers, Max Chidwick, Scarlett Sinclair, Joe Williams, Jessica Dopp, Max Newman-Turner, Findlay O'Brian, Poppy, Arthur e Delena McConnell Hunt, Sara, Andy e Lucy Kimmins, Jamie e Joseph Whiteaker, Esther e Sam duSalitoy, Julia, Chris, Rebecca e James Halford, Natalie e Holly Trumper, Amba ed Ella Ritchie, Sian Munroe, John e Catherine McFarlane, Tania, William ed Ella Stubbs, Alena Daley, Carol e Georgia Armstrong, Keisten Ralph, Marcia, Gemma e Will Gurney-Champion, Michael e Tom Noble, Sarah Webley, Mia e Amelie Nias, Madeline Banner, Heather Lewis, Oswin Moody, Matilda McCarthy, Rose Moss, Poppy e Lili Miller, Tor Godfrey, Anna e Fred Fordham, Julianne Boag, Isaac Gardner, Luc Drew, Emily Smith, Lily-Rose Spick, Sean O'Brien, Ella de Villiers, Emily Butcher, Catriona Roony, Darcy Zander, Freya Morrison, Anna Fitzgerald, Claudia Hurley, Ben Garard, James Chiradani, Patrick Willson, Maxim Georgiou, Will Harris, Vishaka Thakrar, Toby Droy, Rocio Chacon, Lucy Hawkins, Zoe Glasier, Sarah Bridgman, Helen Hatswell, Florence Hatwell, Louise Onikoyi, Freddie Allison, April Morgan, Flora Morgan, Alex Ng, Elizabeth Fox, Rose Lally, Maria Lally, Arthur Fox, Ollie Barnett, Georgia Barnett, Frazer Blaxland, Dawn Henderson e John Hughes.

Fonti fotografiche

Dorling Kindersley vorrebbe ringraziare le seguenti persone per essere state così gentili da autorizzare la riproduzione delle loro fotografie. 13 Library of Congress, Washington, DC: Harris & Ewing (br). Tutte le altre immagini sono © della Dorling Kindersley Limited. Per ulteriori informazioni, consultare il sito web: www.dkimages.com.

Revised Edition
Senior Editor Esther Ripley
Project Art Editor Saffron Stocker
Photographer Ruth Jenkinson
Cover Design Steven Marsden
Pre-Production Producer Robert Dunn
Senior Producer Luca Bazzoli
Managing Editor Dawn Henderson
Managing Art Editor Marianne Markham
Art Director Maxine Pedliham
Publishing Director Mary-Clare Jerram

DK India
Project Editor Janashree Singha
Editor Sugandh Juneja
Senior Art Editor Ira Sharma
Managing Editor Soma B. Chowdhury
Managing Art Editors Navidita Thapa, Arunesh Talapatra
Pre-Production Manager Sunil Sharma
DTP Designers Anurag Trivedi, Umesh Singh Rawat

UN MONDO DI IDEE:
www.dk.com

XENIA EDIZIONI

Original Title: *How to Raise an Amazing Child the Montessory Way*, 2nd edition

Traduzione di Roberta Zuppet.

Xenia è un marchio Ibis
www.xenia.it e www.ibisedizioni.it

ISBN 978-88-7273-842-9

Stampato e rilegato China